기적의 기억 교과서,
유즈클락 기억법

READ IT, GET IT, AND NEVER FORGET IT
by Mark Tigchelaar

Copyright © 2015 Mark Tigchelaar
UseClark® is registered trademark of The Speed Reading Group 2015.
Mind-Map® is registered trademark of the Buzan Organisation 1990.
All rights reserved.

Korean translation copyright © 2016 by Gimm-Young Publishers, Inc.
This Korean edition was published by arrangement with Mark Tigchelaar/The Speed
Reading Group.

기적의 기억 교과서, 유즈클락 기억법

1판 1쇄 인쇄 2016. 4. 23.
1판 1쇄 발행 2016. 4. 30.

지은이 마크 티글러
옮긴이 박지현
감수 김경섭

발행인 김강유
편집 김상영 | 디자인 정지현
발행처 김영사
등록 1979년 5월 17일(제406-2003-036호)
주소 경기도 파주시 문발로 197(문발동) 우편번호 10881
전화 마케팅부 031)955-3100, 편집부 031)955-3250
팩스 031)955-3111

이 책의 한국어판 저작권자와 독점계약으로 김영사에서 출간되었습니다.
저작권법에 의해 한국 내에서 보호를 받는 저작물이므로 무단전재와 무단복제를 금합니다.

값은 뒤표지에 있습니다. ISBN 978-89-349-7438-3 03320

독자 의견 전화 031)955-3200
홈페이지 www.gimmyoung.com | 카페 cafe.naver.com/gimmyoung
페이스북 facebook.com/gybooks | 이메일 bestbook@gimmyoung.com

좋은 독자가 좋은 책을 만듭니다.
김영사는 독자 여러분의 의견에 항상 귀 기울이고 있습니다.

이 도서의 국립중앙도서관 출판예정도서목록(CIP)은 서지정보유통지원시스템 홈페이지(http://seoji.
nl.go.kr)와 국가자료공동목록시스템(http://www.nl.go.kr/kolisnet)에서 이용하실 수 있습니다.
(CIP제어번호: CIP2016008176)

기적의 기억 교과서,
유즈클락 기억법

마크 티글러 지음 | 박지현 옮김 | 김경섭 감수

김영사

여러분은 새로운 정보를 습득하려고 합니다. 어떻게 하면 집중력을 유지하면서 빠르고 효과적으로 공부할 수 있을까요? 어떻게 하면 잘 기억할 수 있을까요? 이 책은 바로 이것에 관해 다룹니다. 여러분이 읽을 내용을 잘 이해하고 기억할 수 있는 방법을 몇 가지 알려드리겠습니다.

1. 책의 차례를 읽습니다. 당연한 말이지만, 책의 차례는 여러분이 읽을 내용의 개요를 보여줍니다.
2. 책을 훑어봅니다. 제목과 굵은 글씨로 된 단어, 그림과 도표에 유의합니다.
3. 읽기 전에 먼저 이 책에서 배우고 싶은 것을 정합니다.

4. 각 단원 마지막 장에 있는 단원 요약을 읽습니다.

5. 읽을 분량을 소단위로 나눕니다. 예를 들어 한 번에 한 단원씩 읽습니다.

6. 해보지도 않고 지레짐작하지 않습니다. 기법을 사용해보세요!

7. 한 단원을 읽고 나면 책을 덮고, 기억나는 키워드를 적어봅니다.

8. 여러분이 적은 노트를 책과 비교해봅니다. 놓친 부분이 있는지 살펴봅니다.

9. 어떤 원칙과 기법을 활용할지 생각해둡니다.

10. 활용해봅시다!

안녕하세요. 마크입니다. 저는 고등학생 때 공부하는 것에 많은 어려움을 느꼈습니다. 힘겹게 기말시험을 보고 난 뒤 2주가 지나서야 제게 난독증이 있다는 것을 알았습니다. 지금껏 공부가 왜 어려웠는지 알게 됐지만 바꿀 수 있는 것은 없었습니다. 여전히 공부하려면 애를 많이 써야 했습니다. 책을 읽는 데 시간이 너무 많이 걸려서 몇 단원씩 통째로 건너뛰는 일이 부지기수였습니다. 읽을 때 집중이 되지 않아 계속 똑같은 페이지를 몇 번이나 읽게 되고, 시험을 보고 나면 공부한 내용이 하나도 생각이 나지 않았습니다.

정말 익숙한 상황이죠? 여러분에게 난독증이 없다 하더라도, 이런 경험은 해보셨을 겁니다. 경험상, 사람들은 대부분 그날 접하는 정보를 모두 처리하는 데 어려움을 느낍니다.

제가 공부에 접근하는 방식을 바꿔야겠다고 결심했을 때, 저는 이제 막 심리학을 공부하고 있었습니다. 저는 뇌의 작동 원리와 뇌 효율을 높이는 방법을 깊이 공부하기로 마음먹었습니다. 이 주제와 관련하여 수백 권의 책을 읽고, 여러 가지 수업을 들은 다음에야 저만의 기법을 개발할 수 있었습니다.

이 기법을 제 공부에 직접 활용하기 시작하면서, 저에게는 새로운 세상이 열렸습니다. 심리학을 공부하려면 주당 40시간을 투자해야 하지만, 저는 이 기법을 통해 일주일에 여덟 시간만 공부해도 같은 효과를 낼 수 있었습니다. 여러분에게 자랑하려는 것이 아니라, 여러분도 할 수 있다는 것을 강조하려는 것입니다. 대학 동기들이 제 학습 성과를 보고 모두 그 비결을 궁금해했습니다. 바로 이렇게 제 첫 번째 학생들이 생겼습니다. 10년이 지난 지금 85,000명이 넘는 사람들이 저희 교육 센터에서 뇌 효율을 높이는 방법에 대한 수업을 들었습니다.

많은 사람과 작업하면서, 저는 몇 가지 패턴과 사람들이 일반적으로 마주하는 문제점, 그리고 이 문제점을 해결할 수 있는 뇌의 원리를 발견했습니다. 이 원리는 우리가 매일 일하거나 공부하면서 마주하는 많은 양의 정보를 처리하기 위한 도구입니다. 저는 이 책을 통해 그 원리를 가르쳐주고 여러분이 그것을 활용함으로써 뇌 효율을 높일 수 있게 해주고 싶습니다. 재미있게 읽으세요!

암스테르담에서 마크 티글러

이 책을 처음 의뢰받았을 때, 역자는 통번역대학원 진학을 준비 중
이었다. 통역사의 첫 번째 기본 자질은 물론 언어를 제대로 듣고 이해
하는 것이지만, 듣고 이해하는 것 못지않게 암기력이 좋아야 한다. 통
번역대학원에 입학하려면 적어도 1분 30초 동안 연사가 말하는 것을
기억하고 통역할 수 있어야 한다. 생각보다 사람이 1분 30초 동안 말
할 수 있는 단어 수는 꽤 많다. 연사에 따라 분당 발화 수는 130단어에
서 250단어까지 될 수 있다. 하지만 이 책은 30초도 버거워하던 나에
게 할 수 있다는 희망을 주었다.

UseClark 학습법을 하나씩 적용해나가면서 내 통역에 큰 변화가
나타났다. 예전에는 암기한 내용을 뱉어내는 데 정신이 없었지만, 이
제는 줄기를 잡고 내용의 핵심을 전달할 수 있게 됐다. 사람은 한 번에

일곱 가지 정보밖에 기억할 수 없지만, 정보를 어떤 방식으로 이해하느냐에 따라 정보의 깊이가 달라질 수는 있다. 예를 들어 어떤 사람이 한 말을 토씨 하나 틀리지 않고 단어 대 단어로 통역하겠다고 하면, 안타깝지만 일곱 단어밖에 기억나지 않을 것이다. 하지만 단어가 아니라 일곱 가지 개념을 통역한다면 기억할 수 있는 내용은 훨씬 많아진다. 통역을 할 때 연사가 전달하고자 하는 아이디어를 파악함으로써 훨씬 풍부한 통역을 할 수 있게 되는 것이다. 이 한 가지만 이해했을 뿐인데, 더 이상 암기하는 것이 어렵지 않게 되었다.

UseClark 학습법은 속독에 대해서도 깊이 있게 다루고 있다. 우리가 문장을 이해하는 데 필요한 요소를 이해하고 나면, 어떤 부분이 중요하고 그렇지 않은지 알기 때문에, 훨씬 빠르게 읽어 내려갈 수 있게 된다. 그리고 단순히 손가락으로 글을 따라 짚으면서 읽는 행위가 읽기 속도를 늘려준다니, 굉장히 놀라웠다. 실제로 통역 공부를 하면서 상당히 많은 분량의 책을 읽어야 하는데, 속독의 도움을 쏠쏠하게 받고 있다. UseClark 학습법은 통역사뿐만 아니라 공부하는 모든 사람들에게 도움이 될 것이다. 특히 공부하는 시간은 많은데 능률은 오르지 않는 학생들에게 시원한 해법이 될 것이다. 같은 시간을 투자하더라도 훨씬 더 많은 것을 이해할 수 있게 된다면 얼마나 좋을까? UseClark 학습법은 그것을 가능하게 만들어줄 것이다.

2016년 4월

옮긴이 박지현 씀

감수자는 이 타이틀과 비슷한 책을 오랫동안 찾고 있었다. 한국인들이 IQ는 높은데 글로벌 리더가 되는 데 필수적인 정독력, 기억 스킬, 정보 활용 능력이 부족하기 때문이다. 또 매일 많은 정보가 홍수처럼 쏟아지고 있는데 상당수가 방대한 양의 정보에 압도되거나 부분 흡수를 해서 정보처리를 잘 못하기 때문이다.

그러던 중 작년에 미국 친구에게서 이 책의 저자를 소개받고 즉시 유럽으로 가서 그의 교육 워크숍에 참석하였다. 그 교육에는 책이나 문서, 서류를 많이 읽어야 하는 학생들과 법조인들이 많이 참석하였다. 교육을 받는 내내 학습을 많이 하는 한국 학생들이나 서류를 많이 읽어야 하는 직장인들에게 꼭 필요한 세미나 교육이라는 생각이 들었고, 노하우를 담은 책까지 있어 전파하는 데 도움이 될 것이라는 생각에 기쁘고 기대되었다.

일부 한국인들은 정보 홍수 시대에 살아남기 위해 정보의 일부만 처리하거나 아예 전체를 무시해버려 21세기의 문맹이 되어버린다. 급변하는 글로벌 경쟁 시대에 이 책을 통하여 주의력을 분산시키는 원인을 효과적으로 제거하고, 집중하는 방법을 배우면, 학습이나 업무 효율이 크게 상승될 뿐만 아니라 삶의 질도 향상될 것이다. 또한 이러한 생산성 향상은 우리 사회 전체의 지식과 생활수준도 향상시킬 것이다.

이 책에 소개된 여러 스킬들은 정보를 더 빠르고 정확하게 흡수하고, 분석하며, 오랫동안 효과적으로 기억할 수 있게 해준다. 결국 정보를 처리하는 데 필요한 에너지 소비가 줄어든다. 정보를 흡수하고 분석하고 기억하는 데 에너지를 덜 낭비하게 되면, 모든 과정이 훨씬 빨리 진행된다. 즉, 효과적이고 효율적인 정보처리는 지능의 문제가 아니고 스킬의 문제이다.

이 책을 통하여 한국인들이 "기억력이 좋다 또는 나쁘다"라는 표현 대신에 "기억력 수준이 낮은 것은 기억 스킬이 훈련되지 않은 것" 때문이라고 말했으면 좋겠다. 또 저자와 감수자를 포함한 많은 강사들이 하는 UseClark 기억법 강의를 널리 전해주면 좋겠다.

2016년 4월

감수자 김경섭 씀

차
례

우리는 다시 문맹이 되어가고 있다

정보처리를 향상시키는 뇌의 원리를 살펴보기 전에, 먼저 우리가 지금 직면한 상황을 제대로 압시다.

요즘은 거의 모든 사람이 '지식 전문가'입니다. 전문가는 지식을 서비스로 제공합니다. 질문의 답을 찾고, 의견을 피력하거나 조언을 하고, 문제를 해결하고, 선택을 하고, 다른 사람들에게 정보를 제공해주는 대가로 돈을 받습니다.

지식을 제공하기 위해서는 먼저 스스로 모든 정보를 축적하고 분석해야 합니다. 이메일과 메모와 보고서를 읽고, 미팅에 참석해서 프레젠테이션을 들어야 합니다. 이것은 자기주장을 세우고 정보를 분석하는 데 도움이 됩니다. 하지만 결국에는 습득한 정보를 재활용해야 합니다. 만약 어떤 것에 대해서 읽었는데, 그 내용을 토론하거나 설명할

흡수   분석   활용

수 없다면 그 내용을 숙지한 것이 아닙니다.

정보를 흡수하고 분석한 다음에야 비로소 일을 제대로 시작할 수 있습니다. 바로 지식을 활용하는 일 말입니다. 의사결정을 하고, 동료에게 조언을 하고, 프레젠테이션을 하거나, 글을 쓰는 일, 또는 인터뷰를 하는 일 모두 지식을 활용하는 예입니다. 정보를 처리하는 세 단계는 지식을 흡수하고, 분석하고, 활용하는 것입니다.

우리는 하루에 약 세 시간을 정보를 흡수하고 분석하는 데 사용합니다. 우리가 일하는 시간의 1년 중 4개월에 해당하는 시간입니다. 조금 더 구체적으로 예를 들면, 이메일을 읽는 데만 1년에 650시간을 소비하는 셈입니다.

우리는 일하거나 공부할 때 지식의 활용에만 초점을 맞추기 때문에, 지식의 흡수와 분석을 등한시한 면이 있습니다. 배경과 학력이 다양한 85,000명과 작업하면서, 정보를 흡수하고 분석하는 일은 모두에게 쉽지 않다는 사실을 알게 됐습니다. 실제로 대부분의 사람들은 이 일을 하는 데 상당한 노력과 에너지를 들여야 합니다. 결국 많은 사람이 정보를 대충 훑거나, 아예 무시해버리는 사태가 발생하게 됩니다. 이것은 우리 지식수준에 어떤 영향을 미칠까요?

만약 우리가 더 이상 읽지 않는다면?

여러분이 더 이상 아무것도 읽지 않기로 했다고 가정해봅시다. 어떤 일이 일어날까요? 이것이 여러분의 일이나 공부에 어떤 영향을 줄까요? 여러분의 주치의가 더 이상 읽지 않는다면 어떤 일이 일어날지 상상해봅시다. 몇 개월이 지나지 않아 그 의사는 일을 제대로 수행하지 못할 것입니다. 최신 치료법과 치료 기술을 모르는 의사에게 수술을 맡기고 싶은가요?

여러분이 하는 일도 전혀 다르지 않습니다. 여러분이 더 이상 이메일과 보고서와 메모를 읽지 않는다면 굉장히 심각한 문제가 생깁니다. 중요한 정보를 놓치게 되어 최근의 변화를 따라잡을 수 없게 되고, 결국에는 잘못된 결정을 내릴 수도 있습니다. 충격적인 것은 우리가 이미 이 잘못을 소소하지만 상당히 자주 하고 있다는 것입니다.

우리는 매일 엄청난 양의 정보를 흡수해야 합니다. 하루에 약 신문 174부를 보는 것과 같은 양입니다.[1] 필요한 정보를 완전히 처리하기엔 우리는 너무 느리게 읽습니다. 그 결과 사람들은 대부분 서류를 훑기만 하고, 어떤 구간은 아예 통째로 건너뜁니다. 그 말은 우리가 정보를 놓치고 있다는 뜻입니다.

뿐만 아니라 우리는 어떤 정보를 읽거나, 프레젠테이션을 들을 때 쉽게 주의력이 분산됩니다. 이 증상은 여러분도 익히 아실 겁니다. 페이지를 반쯤 읽었는데, 갑자기 전화해야 하는 사람이 생각나고, 장 볼 계획이나, 아직 처리하지 못한 이메일 하나가 떠오릅니다. 결국 페이지를 끝까지 읽고 나면, 당최 무슨 내용을 읽었는지 생각이 나질 않습니다. 그리고 그 페이지를 다시 읽게 됩니다. 아주 효과적인 시간 낭비를 한 셈입니다.

1,200명의 직장인을 조사해본 결과, 일주일에 많아봐야 두 번 정도, 작업 중 4분의 3만 집중하는 데 성공합니다. 응답자의 15%는 일주일에 한 번밖에 집중하지 못했고, 또 다른 15%는 아예 집중을 못 합니다. 굉장하지 않나요? 우리가 돈 받고 하는 일이 뇌를 사용하는 일인데, 제대로 집중해서 일하지 못한다니요.[2]

집중을 하지 않은 상태에서는 이해력도 떨어지기 때문에, 정보를 정확하게 처리하지 못하고 결국 제대로 기억하지 않게 됩니다. 집중력, 이해력과 기억력은 항상 같이 따라다닙니다.

평균적으로 여러분은 하루 근무시간의 2.1시간을 업무 방해나 주의력 분산으로 낭비합니다. 업무를 방해받거나 주의력이 분산될 때마다, 업무에 다시 집중하기까지 20분을 소비해야 합니다. 다시 업무에 몰두해야 하지만 이전만큼 생각이 예리하지 않습니다. 이런 경험이 있으실 겁니다. 어떤 상황이 발생할 때마다 대응하다 보니 한꺼번에 열 가지 일을 떠맡게 됐는데, 일을 끝내고 보면 원래 하던 일이 무슨 일이었는지 생각이 나지 않는 것입니다. 업무 방해와 주의력 분산으로 하루

| 집중 | 텍스트 이해 | 기억 저장 |

에 두 시간 넘게 낭비하는 것은 상당한 손실입니다. 낭비하는 시간을 반만 줄여도, 여러분의 생산성은 굉장히 향상될 것입니다.

또 다른 문제는 다음 날이면 우리가 읽고 들은 정보의 약 70%를 잊어버린다는 것입니다. 그리고 일주일이 지나기 전에 80% 가까이를 잊어버립니다. 예를 들어보겠습니다. 여러분이 다음 주에 있을 미팅에서 논의할 내용의 메모를 지금 읽으면, 미팅 당일에는 내용의 20%밖에 기억나지 않게 됩니다. 만약 메모를 읽을 기회가 없어서, 미팅 5분 전에 동료에게 "이번 미팅 안건이 뭐였죠?"라고 묻는다면, 일주일 전에 메모를 읽은 것과 같은 수준의 이해를 하게 됩니다. 그렇다면 일주일 전에 메모를 읽는 것 자체가 시간 낭비라는 것이죠!

우리가 자주 잊어버리는 것들

나이와 지능에 상관없이 우리는 하루 전에 흡수한 정보의 70%를 잊어버립니다. 우리는 정보를 굉장히 빠른 속도로 잊어버립니다. 하지만 어떤 것을 가장 많이 까먹을까요? 아래 목록에서 익숙한 항목이 많을 것입니다.

27%	이름
25%	방금 받은 전화번호
18%	물건을 놔둔 장소(휴대전화, 열쇠, 리모컨)
12%	약속
11%	방금 계획한 일
10%	중요한 날짜(생일, 기념일)
9%	단어[3]

화면 스크린을 읽을 때 생산성이 30% 떨어진다

마지막으로 한 가지 문제점이 더 있습니다. 우리가 점점 디지털 문서를 더 많이 읽는다는 것입니다. 사람들은 대부분 스크린을 읽는 것을 싫어합니다. 실제로 우리는 종이 문서를 읽을 때보다 전자 문서를 읽을 때 20% 느립니다.[4] 게다가 우리는 디지털 문서 이해도가 훨씬 더 낮고, 종이보다 디지털 정보를 더 빠르게 잊어버린다는 연구 결과도 있습니다. 종합해보면, 우리가 디지털 정보를 처리할 때 생산성이 최소 30% 낮아진다는 뜻입니다.

또한 이것은 나이와 무관합니다. 아이패드 세대의 아이들, 즉 인형이나 공을 만지기 전에 아이패드를 가지고 논 아이라고 할지라도, 종이 위의 글을 읽을 때보다는 스크린 위의 글을 읽을 때 더 천천히 읽고 정확성도 떨어진다고 합니다. 우리가 스크린 상의 글을 읽을 때 생산성이 크게 떨어지는 몇 가지 이유가 있습니다.

그중 한 가지 중요한 이유는 스크린의 글자 뒤에 있는 광원 때문입니다. 빛이 들어오는 방향으로 투명한 용지를 들고 그 위의 글을 읽는다고 상상해보세요. 읽을 수는 있지만, 글자를 노려보면서 눈을 혹사시켜야 할 것입니다. 스크린 위의 글을 읽을 때도 같은 일이 일어납니다. 스크린의 백라이트가 눈을 피곤하게 만들기 때문에 조금 천천히 읽게 되는 것입니다.

우리가 개발한 E-reader는 백라이트 대신 e-ink를 사용하기 때문에 이러한 단점이 없습니다. 흰 스크린 위에 작은 검정색 잉크 캡슐이 모여 글자를 형성하기 때문에 종이에 인쇄된 글자와 더 흡사합니다. 그러나 e-reader를 사용할지라도 여전히 종이에 적힌 글을 읽는 것보다는 정보 흡수율도 떨어지고, 내용도 더 빨리 잊어버리게 됩니다. 여기에는 여러 가지 이유가 있습니다. 한 가지는 책의 '내부 지형internal topography' 때문입니다. 무슨 소리냐고요? 이런 경험을 해보셨을 겁니다. 종이 책을 읽은 다음 내용을 기억하려고 합니다. 기억하려는 내용이 있는 문장이 페이지 상단 4분의 3 선 그림 옆에 있던 것이 어렴풋이 생각납니다.* 바로 이런 장소 기반의 지식이 책 내부 지형의 일부입니다. 인쇄된 책은 읽을 때 글자의 위치와 '내부 지형'에 초점을 둘 수

---

* 바로 이런 이유로 자기가 사진 기억을 가지고 있다고 착각하는 사람도 있습니다. 그러나 그 페이지에 적힌 내용을 토씨 하나 안 틀리고 기억할 수 있는 것이 아니라면 사진 기억을 가진 것이 아닙니다.

있는 곳이 몇 군데 있습니다. 예를 들면, 왼쪽과 오른쪽 페이지가 있고, 순서대로 한 페이지씩 넘기면 됩니다. 여러분이 책 어디쯤 읽고 있는지 손으로 느낄 수 있습니다. 이 과정은 뇌가 조금 더 쉽게 책 내용을 기억할 수 있게 해줍니다.

디지털 문서는 기준으로 삼을 수 있는 초점이 부족하기 때문에 뇌가 정보의 위치를 파악하기 어렵습니다. 그렇게 되면 텍스트 이해도도 떨어지고, 정보도 기억하기 어려워집니다.[5]

다음 단점은 의외일 수 있습니다. 읽으면서 화면 스크롤을 하는 것이 텍스트 이해와 기억에 부정적인 영향을 미친다는 것입니다. 화면 스크롤을 하는 행위 자체가 뇌 수행 역량의 상당 부분을 필요로 합니다. 연구에 의하면 읽으면서 화면 스크롤을 하는 것이 뇌 수행 역량의 큰 폭을 차지하기 때문에, 정보 흡수율도 그만큼 떨어지고 기억도 더 잘 나지 않는다고 합니다.[6]

게다가 우리가 화면을 더 소홀히 읽는다는 연구 결과도 있습니다. 눈이 화면의 줄 사이를 헤매다가 텍스트 한 줄을 통째로 건너뛰고, 그렇다고 다시 읽어보지도 않습니다.[7]

종이 없는 사무실에서 종이를 더 쓴다

'종이 없는 사무실paperless office'을 도입한 회사가 오히려 전보다 더 많은 종이를 쓰고 있습니다. 모순되지만, 그 이유는 꽤 논리적입니다.

신중하게 검토해야 하는 중요한 서류를 전자문서로 받았다고 가정해 봅시다. 대부분의 사람들은 스크린에서 읽는 것이 불편하기 때문에 결국 문서를 인쇄하게 됩니다. 요즘 회사에서는 자기 자리가 정해져 있지 않기 때문에, 서류를 보관할 장소가 없고, 인쇄된 문서를 그날 파기하게 됩니다. 그리고 일주일 뒤에 미팅 직전이 되면, '이 방법이 쉽고 편하다'는 이유로 문서를 다시 인쇄합니다. 제 친구는 이를 두고 이렇게 말했습니다. "종이 없는 사무실은 휴지 없는 화장실이나 다름없습니다." 저는 이 말에 전적으로 동의합니다.

물론 전자문서를 읽는 것이 환경에 좋고, 저 역시 환경보호를 지지하지만, 생산성을 30%나 떨어뜨리면서까지 나무를 살리려는 사람은 없을 것입니다. 따라서 저는 전자문서를 편하게 읽게 해주는 소프트웨어가 시장에 출시되지 않았다는 것에 대해 굉장히 큰 충격을 받았습니다. 이 간극을 좁히기 위해 저희는 이 책에서 설명한 기법을 바탕으로 정보를 쉽게 흡수하고, 분석하고, 기억할 수 있게 해주는 소프트웨어를 개발했습니다. 이 소프트웨어를 사용하면, 정보를 더 빨리 정확하게 이해하고 더 오래 기억할 수 있게 됩니다. 이 부분에 대해서는 나중에 더 설명하도록 하고, 먼저 우리가 당면한 문제를 살펴봅시다.

우리는 쉽게 산만해집니다.

정보의 속도를 따라잡기에는 읽는 속도가 너무 느립니다.

우리는 정보를 오래 기억하지 못합니다.

스크린 위의 글을 읽을 때는 읽기 속도가 30%나 줄어듭니다.

아무도 읽지 않는 글 속에 답이 있다면?

우리의 문제는 글을 부분적으로 읽거나 아예 읽지 않는다는 것입니다. 우리는 쉽게 산만해지고, 정보를 잘 기억하지도 못합니다. 이것은 사회적인 차원에서 우리 지식수준에 어떤 영향을 미칠까요?

결과적으로 우리는 필요한 정보를 놓치게 됩니다. 그렇게 주요 사회 문제에 대한 해결 방안을 놓치고 있는 것이 아닐까요? 혹시 문제를 해결할 수 있는 방안이 이미 보고되었는데, 우리가 읽지 못한 것은 아닐까요?

최근 세계은행에서 발표한 자료에 따르면, 이것이 아주 가능성 없는 시나리오는 아니라고 합니다. 매년 세계은행은 세계 빈곤 퇴치를 위해 수백 개의 연구 보고서를 발행합니다. 이 보고서는 사회적 논의를 장려하고 정부의 의사결정을 돕기 위해 만들어진 자료입니다. 그렇기 때문에 보고서 작성에 굉장히 많은 시간과 돈을 투자합니다. 그러던 와중에 세계은행이 이런 의문을 품었습니다. 과연 몇 명이나 되는 사람이 우리 보고서를 읽을까? 이를 조사해본 결과 충격적인 사실을 알게 됩니다. 세계은행이 웹사이트에 올린 PDF 보고서의 3분의 1은 다운로드된 적이 한 번도 없고, 저자 외에는 읽은 사람이 아예 없다는 것이었습니다. 보고서의 40%는 다운로드 횟수가 100번을 넘지 못했고, 고작 13%만이 250회 이상 다운로드 되었습니다.

매우 불편한 진실이 아닐 수 없습니다. 〈워싱턴포스트〉의 한 기사는 이런 현상이 비단 세계은행에만 국한된 것이 아니라고 합니다. 정부,

학회, 법률가, 은행가와 증권가 등 거의 모든 기관에서 보고서를 발행합니다. 이 보고서의 양은 수십만 페이지에 달하지만 굉장히 중요한 정보를 담고 있을 수도 있습니다. 정말 많은 시간이 보고서 생산에 투자되었지만, 그 문서를 열어보는 사람이 있기는 할까요?

하지만 문제는 여기서 그치지 않습니다. 문서를 다운로드받은 사람 중 실제로 보고서를 처음부터 끝까지 읽은 사람은 몇 명이나 될까요? 제 경험에 의하면 5% 미만일 것입니다. 그리고 이들 중 자기가 읽은 내용을 이틀 뒤에도 기억하는 사람은 몇 명이나 될까요?

이것이 우리의 현실입니다. 얼마나 많은 정보가 유실되는 것일까요? 이것은 우리 지식수준에 어떤 영향을 미칠까요?

여러분이 쓴 글은 읽힐까요?

여러분이 메모를 하거나 보고서를 작성할 때도 세계은행과 같은 문제를 안게 됩니다. 만약 여러분의 글이 열 쪽을 넘어가면, 글 전체가 읽힐 리 만무하고 그 내용을 이틀 뒤에도 기억하는 사람은 없을 겁니다.[*] 90%의 사람들이 대충 훑고 지나가고, 10%는 읽어도 그날 잊어버린다는 것을 아는데도 글을 쓰는 것은 부질없는 일입니다. 프레젠테이션도 마찬가지입니다. 사람들은 대부분 여러분이 하는 말을 한 귀로 듣고 한 귀로 흘립니다. 프레젠테이션을 하거나 글을 쓸 때 이

---

[*] 이 책이 열 페이지가 넘는다는 사실도 아이러니합니다. 그렇기 때문에 곳곳에서 책의 요약을 찾아볼 수 있습니다.

사실을 염두에 두도록 합니다. 가장 중요한 부분을 먼저 얘기하고 최대한 간단명료하게 전달하도록 합니다.

우리는 미묘한 문제점을 무시하고 있다

우리가 정보를 적게 생산하면 될 일이 아니냐고 반문할 수 있습니다. 예를 들어, 우리가 이메일을 보낼 때 CC 또는 BCC 수신자를 추가하지 않으면 세계의 절반이 추가 이메일을 받지 않을 것입니다. 이 점에 완전히 동의하며, 정보를 적게 생산하는 것은 분명 해결책의 일부가 맞습니다.

하지만 이런 접근 방식이 오히려 역효과를 가져오고 있습니다. 특히 신문 기사의 경우, 기자들이 점점 더 짧은 기사를 쓰도록 주문을 받습니다. 그렇게 하지 않으면 아무도 읽지 않으니까요. 정보 제공 산업은 점점 더 간소화되고 있는 추세입니다. 트위터의 인기가 이것을 증명합니다. 우리가 받아보는 정보가 얼마나 정확한 것일까요? 세상일에 대한 통찰을 주는 배경지식을 넣을 공간은 남아 있나요?

한편으로 우리의 정보 흡수 능력은 제한되어 있습니다. 다른 한편으로, 간결한 정보 추세가 우리의 지식을 점점 더 피상적으로 만들고 있습니다.

공유하지만 읽지 않는다!

많은 기사들이 소셜 미디어를 통해 공유됩니다. "놓치지 마세요!" 또는 "이건 꼭 읽어야 합니다!"라는 캡션과 함께 말입니다. 재미있는 것은 글을 공유하는 사람조차 그 글을 읽지 않는다는 것입니다. "기사를 공유하는 것과 실제로 기사를 읽는 것은 전혀 관련이 없어 보인다"고 온라인 행동 분석 업체인 차트비트chartbeat의 회장 토니 헤일Tony Haile은 말합니다. 사람들의 관심을 유발하는 제목을 단 기사들이 공유되고는 합니다. 이것을 지칭하는 '제목 낚시clickbait'라는 용어도 있습니다. 사람들은 똑똑하다는 이미지를 보여주기 위해 낚시성 제목을 가진 기사를 친구들과 팔로어들에게 공유합니다. 만약 어떤 기사가 많이 공유되었다면 그것은 글의 질보다는 제목의 질이 좋다는 것을 보여주는 셈입니다.

새로운 현실에 걸맞은 새로운 정보처리 방법

우리는 일하거나 공부하면서 방대한 양의 정보에 압도되지만 정작 그것을 처리하는 방법이나 기술은 배우지 못했습니다. 그렇기 때문에 정보를 무시하거나 부분적으로만 흡수하게 되고, 제대로 기억해서 활용하지를 못합니다. 어떻게 보면 우리는 다시 문맹이 된 것과 다름이 없습니다. 이것은 우리가 작업을 수행하는 방식에 상당한 영향을 미칩니다.

얼마 전 큰 엔진 제조사의 관리자와 대화할 기회가 있었습니다. 이 제조사 직원들은 모터를 생산할 때 준수해야 하는 기준에 대해 굉장히 자세하고 세부적인 설명서를 받습니다. 이 설명서는 수백 장에 달합니다. 그는 시간이 너무 오래 걸린다는 핑계로 회사 직원들이 이 설명서를 꼼꼼하게 읽지 않거나 전부 다 읽지는 못한다고 말했습니다. 이것이 제조 과정에 어떤 영향을 미치는지 물어보았습니다. 그의 대답은 명확했습니다. "그것이 미치는 영향은 엄청납니다. 곧바로 생산 과정의 실수와 직결됩니다. 자세하게 말씀드릴 수는 없지만, 직원들이 설명서를 숙지하지 않는 문제 하나만으로도, 매년 수백만 달러의 손실이 있습니다." 제조 공장에서는 실수가 어디서 시작됐는지 금세 찾을 수 있습니다. 설명서 137쪽을 읽지 않았기 때문에, 엔진의 특정 부품이 빠져 있는 식입니다. 지식 기반 조직에서는 실수의 근원을 찾는 것이 어렵습니다. 그러나 여기서도 정보를 읽지 않는 것은 큰 문제를 초래할 수 있습니다.

우리는 뇌가 (인쇄 또는 디지털) 정보를 받아들일 때마다 빠르고 효과적으로 처리하고 재생산할 수 있을 것이라고 착각합니다. 하지만 제 경험에서 비추어보았을 때, 이것은 사실이 아닙니다.

우리는 아직 지금 시대의 정보 과부하를 관리할 기술과 방법을 터득하지 못했습니다. 그러나 일을 잘하려면 정보가 필요하기 때문에 이런 현실을 바꾸어야만 합니다.

말씀드렸다시피 해결책의 일부는 정보를 적게 생산하는 것입니다. 동시에, 일하고 공부하는 데 있어 새로운 정보처리 방법이 필요합니

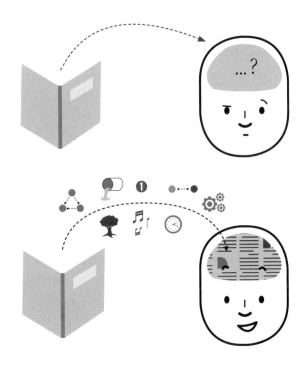

다. 저는 오랜 기간 어떻게 하면 정보를 더 빨리, 더 효과적으로, 더 쉽게 처리할 수 있을까 고민했습니다.

약속

저는 이 책을 통해 제가 지난 10년 동안 개발한 학습법을 보여주고 싶습니다. 바로 UseClark(유즈클락) 학습법입니다. 이 학습법은 뇌가 정보를 더 쉽고 편하게 흡수하고, 처리하고, 기억할 수 있도록 정보를 가공하여 학습 효과를 향상시켜줍니다.

UseClark 학습법의 효과
- 집중이 훨씬 더 잘되고, 주의력을 분산시키는 원인을 효과적으로 제거할 수 있습니다.
- 정보를 더 빠르고 정확하게 흡수하고 분석할 수 있습니다.
- 정보를 오랫동안 효과적으로 기억할 수 있습니다.
- 정보를 처리하는 데 필요한 에너지 소비가 줄어듭니다.

여기서 마지막 부분이 가장 중요합니다. 그리고 여러분의 최종 목표이기도 합니다. 만약 정보를 흡수하고 분석하고 기억하는 데 에너지를 덜 낭비하게 되면, 모든 과정이 훨씬 부드럽고 빨리 진행될 것입니다.

UseClark 학습법은 몇 가지 뇌의 원칙으로 이루어집니다. 이것을 각 단원에서 자세히 살펴볼 계획입니다. 각 원칙은 다양한 기술들로 구성되어 있고, 모든 기술은 상세하게 설명되어 있습니다.

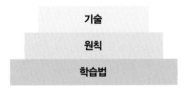

각 원칙은 여러분이 자유롭게 해석하고 적용할 수 있도록 설계되어

있습니다. 이것이 중요합니다. 저는 여러분에게 몇 가지 요령을 가르쳐주려는 것이 아닙니다. 저는 미봉책에는 관심이 없습니다. 그리고 그것은 여러분에게 아무런 도움도 되지 않습니다. 여기에 소개된 원칙들을 적용하여 여러분의 특성에 맞는 학습법을 직접 만드는 것이 중요합니다.

각 원칙을 살펴보기 전에 먼저 큰 그림을 살펴보도록 합시다.

1
부

UseClark 학습법

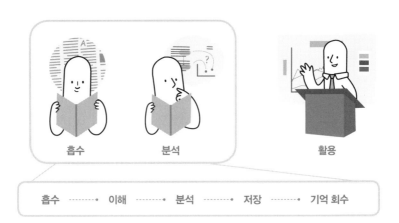

흡수 　　　　분석 　　　　　　　　활용

흡수 ·········• 이해 ·········• 분석 ·········• 저장 ·········• 기억 회수

앞에서 정보를 처리하는 세 단계가 흡수, 분석 그리고 활용이라고 말씀드렸습니다. 첫 두 단계를 살펴봅시다. 흡수와 분석은 다시 다섯 단계, 즉 흡수, 이해, 분석, 저장 및 기억 회수의 단계로 나뉩니다. 각 단계의 목표는 서로 밀접하게 관련되고 조금씩 겹치는 부분이 있습니다.

UseClark 학습법은 각 단계를 조금 더 쉽고 효과적으로 처리할 수 있게 해줍니다. 예를 들어 정보를 흡수할 때 집중력을 높이는 방법과 정보를 처리할 때 정보의 핵심을 파악하는 방법을 배우게 합니다.

UseClark 학습법의 8가지 원칙

1. 방법이 중요하다

2. 빈 공간 채우기

3. 한 번에 한 가지씩

4. 연관점 찾기

방법이 중요하다

빈 공간 채우기

한 번에 한 가지씩

연관점 찾기

적극적으로
생각하기

이미지 사용하기

창의력 사용하기

필요 이상으로
공부하지 않기

5. 적극적으로 생각하기

6. 이미지 사용하기

7. 창의력 사용하기

8. 필요 이상으로 공부하지 않기

아래에 각 다섯 단계에서 사용되는 원칙을 표로 정리했습니다. 각
단계의 목표를 이루기 위해 어떤 원칙을 사용하는지 알 수 있습니다.
그리고 어떤 단계는 한 번에 여러 가지 원칙을 사용할 수 있습니다.

단계	목표	원칙
1. 흡수	• 정보를 흡수할 동안 집중하기 • 정보를 빠르고 효과적으로 흡수하기	• 빈 공간 채우기 • 한 번에 한 가지씩 • 적극적으로 생각하기 • 필요 이상으로 공부하지 않기
2. 이해	• 내용 이해하기	• 한 번에 한 가지씩 • 연관점 찾기 • 적극적으로 생각하기
3. 분석	• 중요한 것과 사소한 것 구분하기 • 연관점 찾기 • 새로운 형태의 정보 형성하기	• 연관점 찾기 • 적극적으로 생각하기
4. 저장	• 정보를 기억에 저장하기	• 한 번에 한 가지씩 • 연관점 찾기 • 이미지 사용하기 • 창의력 사용하기 • 필요 이상으로 공부하지 않기
5. 기억 회수	• 나중에 정보 다시 기억하기	• 연관점 찾기 • 이미지 사용하기 • 적극적으로 생각하기

표에는 한 가지 중요한 원칙이 빠져 있습니다. 이 원칙은 모든 단계에 걸쳐 적용되는 대전제이자 전체 학습법의 근간이 됩니다. 바로 첫 번째 원칙입니다.

제1원칙
방법이 중요하다

기억력 테스트를 한다고 가정해봅시다. 특정 순서로 나열된 단어 30개를 외우는데 제가 그 단어를 부르는 동안 받아 적으면 안 됩니다. 테스트 난도를 더 높이기 위해, 외운 지 한 시간 뒤에 단어를 쓰기 시작합니다. 그것도 모자라서 시험을 보는 동안 제가 여러분을 방해할 것입니다. 과연 시험을 잘 볼 수 있을까요? 대부분의 사람들은 어렵게 느끼고, 네다섯 단어조차 순서대로 적지 못할 것입니다.

하지만 재미있는 점은 이 테스트가 여러분의 지능, 나이 또는 기억력을 보여주지는 않는다는 것입니다. 이 테스트는 여러분이 사용하는 암기 방법의 효과를 보여줄 뿐입니다. 여러분이 어떤 암기 방법을 선택했는지 말해주면 여러분이 이 테스트에서 어떤 점수를 받았는지 정확하게 맞힐 수 있습니다. 각 방법만의 특징이 있기 때문에, 그 효과도 다를 수밖에 없습니다.

여러분은 의식적으로든 무의식적으로든 정보를 기억하기 위해 어떤 방법을 사용합니다. 어떤 방식으로든 암기를 하지 않으면, 그 정보는 18초 만에 잊어버리게 됩니다. 대부분은 기억력 테스트를 할 때 '단기 기억술'을 사용합니다. 머릿속으로 단어를 되뇌면서 기억이 나기를 희망합니다. 이 방법의 단점은 용량의 한계가 있는 단기 기억을 사용한다는 것입니다. 단기 기억의 용량은 최대 일곱 단어이고 지속 시간은 10분밖에 되지 않습니다. 아무리 머리가 좋아도 11분이 지나면 단기 기억에서 사라집니다.

여러분의 의식적인 주의력도 단기 기억에 포함되어 있습니다. 이 말은 암기할 때 단기 기억을 사용하면, 다른 일에 신경 쓸 여력이 없어진다는 뜻이기도 합니다. 만약 다른 일을 하려고 하면 의식에 과부하가 걸립니다. 여러분도 익숙한 경험이 있을 겁니다. 전화번호를 외우려고 하는데 갑자기 누군가 팔을 붙잡고 질문을 하면, 전화번호를 잊게 됩니다.

조금 더 효과적인 암기 방법을 사용하면, 당연히 기억력 테스트 점수도 올라갑니다. 제대로 된 방법을 사용하면 정보를 장기 기억에 저장할 수 있게 되고, 임의의 단어 30개를 정확한 순서로 기억하는 일 정도는 식은 죽 먹기가 됩니다.

여기서 재미있는 질문을 하나 하겠습니다. 만약 첫 번째 테스트에서는 네 단어밖에 기억하지 못했고, 새로운 암기 방법을 사용했을 적에는 30개 모두 기억했다면 여러분이 똑똑해진 걸까요? 아닙니다. 기억력이 향상된 걸까요? 그것도 엄밀히 따지면 아닙니다. 여러분의 잠재 능력은 똑같습니다. 사람들이 그저 자기 기억력을 제대로 사용할 줄 모르는 것뿐입니다. UseClark 학습법은 바로 이것을 해결하기 위해 만들어졌습니다. 이 책을 통해서, 수업을 통해서 그리고 개발된 소프트웨어를 통해서 우리는 여러분이 뇌를 최대로 활용하도록 도와줄 것입니다.

여러분의 암기력은 여러분이 똑똑한지 그렇지 않은지, 나이가 많은지 적은지에 관계없이 여러분이 의식적으로 또는 무의식적으로 어떤 기억술을 사용하느냐에 달려 있습니다. 이 책을 읽으면서 정보를 훨씬 쉽고 오랫동안 기억할 수 있는 원칙을 배우게 될 것입니다.

여러분의 기억력이 좋다 또는 나쁘다, 라는 표현은 옳지 않습니다.

여러분의 기억력은 훈련되어 있거나 훈련되지 않은 것입니다.

올바른 방법을 사용하는 것의 중요성은 암기력에 국한되지 않고 모든 인지 활동에 적용됩니다. 집중력도 제대로 발휘할 수 있는 방법이 있습니다. 여러분은 어떤지 모르지만, 제 경험상 대부분의 사람들은 쉽게 산만해집니다. 비록 생리적인 현상과 환경도 영향을 주지만 여러분이 어떤 방법으로 집중하느냐가 집중력의 차이를 가져옵니다. 이 책은 여러분의 집중력을 향상시킬 방법을 많이 담고 있습니다. 그 방법을 활용하면 외부 소음과 다른 방해 요소를 차단하는 것이 쉬워지고, 생각도 덜 산만해집니다.

읽기 속도도 마찬가지입니다. 여러분의 읽기 속도는 나이와 지능과 무관합니다. 텍스트의 난이도나 주제에 대한 관심도 작용하겠지만 여러분이 정보를 흡수하는 방법이 읽기 속도와 이해력에 더 중요한 역할을 합니다. 비효율적인 방법을 사용하면 상대적으로 텍스트 내용을 소화하기 어렵고 속도도 느려집니다. 반대로 효과적인 방법을 사용하면 정보처리 속도가 빨라지고, 중간에 멈출 일도 없고 쉬워집니다. 이 책은 여러분의 읽기를 향상시키는 방법도 담고 있습니다.

제1원칙의 요약

오랫동안 사람들은 지적 능력은 타고난 것이라고 생각했습니다. 그러나 지금은 뇌의 기능이 뇌를 어떻게 사용하느냐에 달려 있다는 사실을 알게 됐습니다. 달리 말하면, 비효율적인 암기 방법을 사용하면 기억이 잘 나지 않고, 효율적인 암기 방법을 사용하면 정보를 쉽고 오랫동안 기억할 수 있게 된다는 뜻입니다.

이것은 기억력뿐만 아니라 다른 모든 인지 기능에 적용됩니다. 여러분의 뇌가 어떤 원리로 작용하는지 알면 정보를 흡수하고 분석하고 기억하는 일이 더 빠르고 쉽고 재미있어집니다.

다음 원칙이 어떻게 그것을 도울 수 있을지 알아봅시다.

제2원칙
빈 공간 채우기

책을 읽거나, 프레젠테이션과 회의 내용을 들을 때 쉽게 산만해지나요? 그럴 가능성이 큽니다. 경험상 95% 정도는 집중하는 것을 어려워합니다. 앞에서 말했듯이, 집중력이 저하되면 기억하는 것도 어려워집니다. 따라서 집중력은 정보를 빠르고 정확하게 흡수하고 분석하고 기억하는 데 필수적입니다.

집중을 못 하면 정보를 기억하지 못합니다.

집중력을 분산시키는 원인은 세 가지입니다.

- 내부 방해 요소
- 외부 방해 요소
- 콘텐츠 방해 요소

내부 방해 요소는 거의 모든 상황에서 발생합니다. 여러분이 어떤 것을 읽거나 들을 때 불가항력으로 떠오르는 생각들입니다. 존한테 전화해야 하는데, 그 이메일 아직 못 보냈지, 장도 봐야지. 여러분의 의식적 주의력은 한 번에 한 가지씩밖에 처리하지 못하기 때문에, 딴생각을 하기 시작하면, 정보를 놓칠 수밖에 없습니다. 이것은 심각한 결과를 초래할 수 있습니다.

이미 경험해본 적이 있을 겁니다. 익숙한 길을 운전하면서 딴생각을 했는데, 어느새 목적지에 도착합니다. 지난 10분 동안 누가 운전하고 있었던 걸까요?

외부 방해 요소는 예를 들어 이메일 알림이 뜨거나, 전화가 오거나,

누가 갑자기 질문을 해오는 등의 일입니다. 여러분의 직업과 직장에 따라, 평균 3분에 한 번씩 위의 세 가지 외부 방해 요소의 영향을 받습니다. 방해 요소의 종류에 따라서 작업하던 일이 방해받거나, 여러분의 정보처리 속도가 확연하게 떨어집니다. 예를 들면, 누군가 옆에서 대화를 하고 있어도 문서를 읽는 속도가 34% 느려집니다. 칸막이 없는 사무실의 문제점! 여러분이 만약 전화를 받는 등 작업을 중단하게 되면 작업 리듬을 다시 타기까지 20분이 소요됩니다.

마지막으로 콘텐츠 방해 요소가 있습니다. 여러분이 어떤 내용을 생각하면서 저자 또는 화자와 머릿속으로 대화를 하는 행위가 콘텐츠 방해 요소입니다. 나는 이 말에 동의할 수 있나? 이 정보가 완전한 정보일까? 이것을 사용할 수 있을까? 이것은 처음 두 가지 방해 요소와는 다릅니다. 왜냐하면 우리는 반드시 이런 종류의 분석을 해야 하기 때문입니다. 그것이 우리의 일입니다. 하지만 동시에 이것은 주의력을 분산시키고, 내용의 핵심을 파악하기까지 시간을 더 많이 필요로 합니다.

그렇다면 이 세 가지 방해 요소를 어떻게 하면 좋을까요? 어떻게 하면 책을 한 번만 읽고 내용을 기억할 수 있을까요? 회의나 프레젠테이션 때 딴생각을 어떻게 없앨까요? 시끄러운 환경 속 방해 요소를 어떻게 효과적으로 차단할 수 있을까요? 바로 여기서 두 번째 원칙을 사용할 수 있습니다. '빈 공간 채우기'입니다.

'빈 공간 채우기'란 무엇을 의미할까요? 이것은 뇌가 정보를 처리할 수 있는 속도와 관련이 있습니다. 뇌는 분당 약 800단어에서 1,400단어 정도를 처리할 수 있습니다. 따라서 이론적으로는 1분 동안 1,400개의 다른 생각들이 떠오를 수도 있습니다. 사람들의 읽기 속도는 보통 분당 200단어입니다. 즉 우리가 읽는 중에도 뇌는 다른 생각을 할 여유가 있다는 뜻입니다. 이미 알고 계실 겁니다. 마이카에게 아직 전화 못 했는데, 크리스가 이메일 답장을 했던가? 이렇게 딴생각을 하면 페이지를 반쯤 읽다가 도대체 무슨 내용을 읽었는지 생각이 나지 않습니다. 우리 뇌는 읽거나 들을 때 지적 여유가 남아돌기 때문에 딴생각을 하게 되는 것입니다.

뇌의 빈 공간을 채우는 한 가지 방법은 정보를 빨리 기록하는 것입니다. 만약 여러분이 분당 300, 400 또는 500단어를 읽기 시작하면 딴생각을 할 공간이 없어집니다. 결과적으로 여러분의 집중력이 향상되고 이해도도 높아져서 정보를 더 잘 기억하게 됩니다.

무엇이든 균형을 찾는 것이 중요합니다. 만약 글을 너무 빠르게 읽으면 더 이상 내용을 이해하지 못하게 되고, 너무 느리게 읽으면 계속 주의력이 분산됩니다.

적당한 읽기 속도

글의 종류에 따라서 읽기 속도도 달라집니다. 양자역학에 관한 책보다는 어린이 책을 읽는 속도가 훨씬 더 빠르고 이해하기도 쉽습니다. 실제로 자세히 살펴보면 여러분이 각 문단을 읽는 속도가 모두 다릅니다. 만약 모든 글을 똑같은 속도로 읽는다면 그것도 문제일 수 있습니다. 너무 빠르게 읽거나 너무 느리게 읽게 되고, 두 가지 모두 텍스트 이해도에 부정적인 영향을 미칩니다. 결국은 주의력이 분산되거나 텍스트를 이해하지 못하게 됩니다.

읽기 속도는 내가 읽은 것을 이해할 수 있는 수준에 맞추어야 합니다. 만약에 읽다가 이해가 안 가면 곧장 멈추어야 합니다. 혹시 딴생각을 하고 있어서 글이 눈에 들어오지 않는 것이라면 조금 더 빠르게 글을 읽어야 합니다. 만약 집중을 하고 있는데도 글이 이해가 안 된다면 조금 더 천천히 글을 읽습니다. 가장 중요한 것은 내용의 기억이 아니라 내용을 이해하는 것입니다. 이 부분에 대해서는 나중에 더 설명하도록 하겠습니다.

펜 사용하기

어떻게 하면 읽기 속도를 높일 수 있을까요? 이 문제의 답은 여러분이 예상한 것과는 조금 다를 수 있습니다. 고속으로 글을 읽어 내려가기만 한다고 문제가 해결되지 않습니다. 너무 빨리 읽다 보면 글 내용을 전혀 이해하지 못하게 될 가능성이 큽니다. 속독을 하는 비결은 눈의 미세한 움직임에 달려 있습니다.

우리가 글을 읽을 때, 눈은 방금 읽고 처리한 단어를 다시 돌아가서 보는 경향이 있습니다. 이렇게 눈이 반사적으로 읽은 구간을 다시 읽는 것은 우리가 의식적으로 내용을 다시 읽는 것과 다릅니다. 의식적으로 내용을 다시 읽는 것은 글 내용을 이해하는 데 도움을 주지만, 반사적으로 다시 읽는 것은 이해에 아무런 도움이 되지 않습니다.

만약 글을 완전히 이해하면서 빨리 읽고 싶다면, 눈의 움직임을 효율적으로 개선하는 것이 중요합니다.

글을 효율적으로 읽는 사람은 일반인보다 더 부드럽게 글을 읽어 내려갑니다. 눈의 움직임을 조절할 수 있게 되면, 글을 한 번에 읽을 수 있기 때문에 정보를 기록하고 처리하는 속도도 두 배로 늘어날 수 있습니다. 그렇다면 눈의 움직임은 어떻게 조절할 수 있을까요? 그 비밀은 뇌의 작은 부분을 차지하는 안구 추적 운동eye tracking movement 속에 감춰져 있습니다.

익숙하지 않은 방에 들어갈 때, 우리 눈은 새로 입수할 정보가 많기 때문에 사방으로 방 안을 훑어보게 됩니다. 눈의 움직임이 혼잡하기까지 합니다. 하지만 지나가는 자동차처럼 움직이는 물체가 주변에 있다면, 눈은 움직이는 물체를 따라 시선을 일정하게 움직일 수 있습니다. 이것이 안구 추적 운동입니다.

읽는 것도 같습니다. 첫 번째 그림처럼 시선을 유도하지 않으면 움직임이 혼잡해집니다. 하지만 펜이나 손가락같이 줄 밑을 따라 이동할 물체가 있으면, 두 번째 그림처럼 눈은 이 물체를 따라 부드럽게 시선을 이동할 수 있습니다.

펜이나 손가락을 사용해서 글을 읽을 경우, 여러분이 이해할 수 있는 속도로 움직이는 것이 중요합니다. 급하게 텍스트를 읽어봐야 글을 이해하는 데 전혀 도움이 되지 않기 때문입니다.

이 방법을 처음 사용해보았다면, 적응하기까지 시간이 걸리는 것을 알 수 있습니다. 이것은 전혀 이상한 것이 아닙니다. 저도 같은 경험을 했습니다. 만약 눈이 펜의 속도를 앞서 가면, 글보다는 펜에 더 집중을 하게 돼서 이해가 떨어지고, 한 문장을 다 읽고 나면 이미 눈이 다음 줄을 읽고 있어서 펜이 오히려 읽기 속도를 늦추는 꼴이 됩니다. 약 85%의 사람들은 처음에 이런 실수를 합니다. 하지만 제대로 지도를 받고 연습을 조금만 하면, 읽기 속도와 텍스트 이해도도 높아지고 집중력이 향상될 뿐만 아니라 읽기가 편안해집니다. 다시 말하면 펜이 처음에는 방해가 되지만, 시간이 지나면 펜을 사용해서 읽는 것이 더 쉽고 펜을 사용하지 않았을 때보다 편안해지게 됩니다.

눈 근육 훈련하기

읽기 속도를 향상시킬 수 있는 두 번째 방법은 눈을 빠르게 읽는 것에 익숙해지게 만드는 것입니다. 저희 웹사이트(useclark.com)에 들어가 보시면 눈을 최고의 컨디션으로 관리하는 방법을 알려주는 무료 강의가 있습니다. 이 방법을 사용하면 읽기 속도가 향상될 것입니다.

이 방법은 흔히 속독speed reading이라고 불리지만, 이것은 정확하거나 완전한 설명이 아닙니다. 정보를 처리하는 데 필요한 시간이 줄어드는 것은 맞지만, 단지 급하게 읽어서 그렇게 된 것이 아닙니다. 눈을 효율적으로 움직였기 때문에, 그리고 눈 근육을 훈련시켰기 때문에 가능한 것입니다. 그리고 이 방법은 이해도를 떨어뜨리기보다는 향상시킵니다.

빨리 말하기

지금까지 우리는 읽은 정보를 처리하는 방법에 대해서 얘기했습니다. 프레젠테이션, 세미나 또는 강의를 들을 때도 같은 원리가 적용됩니다. 사람들의 평균 말하는 속도는 분당 125단어입니다.[13] 여러분이 만약 쉽게 산만해지는 경향이 있다면, 프레젠테이션을 들을 때도 마찬가지일 것입니다. 들을 때 온갖 생각을 하면서 듣고 있습니다. 왜냐하면 뇌가 그럴 여력이 있기 때문입니다.

여러분이 발표를 하고 있는데, 청중들이 딴생각을 하는 것이 보이면 조금 더 빨리 말해보세요. 청중들이 장 볼 거리처럼 관련 없는 일을 생각할 여력이 줄어들기 때문에, 발표 내용에 더 집중하게 되고 내용도 더 효율적으로 처리하게 됩니다. 사람들과 대화를 할 때도 같습니다.

물론 여러분이 말을 너무 빨리해도 청중들이 내용을 놓칠 수 있습니다. 이번에도 알맞은 속도를 찾는 것이 중요합니다.

낙서하기

뇌의 빈 공간을 채우는 마지막 방법은 굉장히 단순하며 의식적 노력이 필요하지 않습니다. 바로 낙서를 하는 것입니다. 지루할 때 빈 공간에 조그맣게 그려 넣는 작은 그림인 낙서 말입니다.

플라이마우스 대학의 연구에 따르면, 사람들이 프레젠테이션을 들으면서 이런 '의미 없는' 그림을 그리면 프레젠테이션 내용을 29% 더 잘 이해하고 기억할 수 있다고 합니다.[12]

사실 이유는 간단합니다. 낙서는 뇌를 많이 쓰는 활동이 아닙니다. 따라서 낙서를 하면서도 프레젠테이션 내용을 완벽히 이해할 수 있습니다. 낙서를 하는 것은 딱 딴생각이 떠오르지 않을 만큼만의 뇌 활동을 합니다. 방해 요소를 방해 요소로 막아내는 맞불 작전인 셈입니다.

방해 요소를 방해함으로써
집중을 더 잘할 수 있게 됩니다.

제2원칙의 요약

우리 뇌는 우리가 읽거나 말하는 속도보다 빨리 생각합니다. 따라서
뇌는 우리가 어떤 것을 읽거나 들을 때 다른 생각을 할 공간이 남아 있
습니다. 그러다 보니 정신이 딴 길로 새고 정보를 제대로 흡수하지 못
하게 됩니다. 이 빈 공간을 채워줌으로써 집중력을 향상시킬 수 있습
니다. 빈 공간은 정보를 빨리 흡수하거나 낙서와 같이 의식적인 노력
이 필요 없는 일을 해서 채울 수 있습니다.

다음에 다룰 원칙은 우리가 방금 다룬 원칙과 반대되는 것 같지만,
마찬가지로 꼭 필요한 원칙입니다.

제3원칙
한 번에 한 가지씩

'멀티태스킹multitasking'이란 용어를 들어보셨을 겁니다. 이것은 문자 그대로 한 번에 두 가지 일 이상을 한다는 뜻입니다. 여러분은 능력 있는 멀티태스커입니까? 많은 사람이 자신이 멀티태스킹이 가능하다고 하지만, 연구에 의하면 이것은 거짓이라고 밝혀졌습니다.

멀티태스킹을 하는 이유는 작업을 더 빨리 처리할 수 있다고 믿기 때문입니다. 만약 한 가지 작업을 하는 데 1분이 소요되고 다른 작업을 하는 데도 1분이 필요하면, 이것을 각각 했을 때는 2분이 필요하지만, 멀티태스킹을 하면 1분에 두 가지 작업을 다 할 수 있다는 생각입니다. 이 주장은 그럴싸하게 들리지만 거짓입니다. 멀티태스킹을 하면 작업하는 데 반드시 시간이 더 많이 들어가고, 평소보다 실수를 더 많이 하게 됩니다. 멀티태스킹을 하면, 작업 시간이 1+1은 1이 아니라, 1+1이 아무리 작아도 4가 됩니다. 한 번에 두 가지 일 이상을 처리하면, 따로 했을 때의 작업 시간보다 작업 시간이 네 배에서 열 배가량 늘어나게 됩니다. 게다가 각각 처리했을 때보다 실수할 확률도 훨씬 더 높아집니다. 이것은 1,200명의 전문가들이 상세하게 연구한 600개의 논문을 5년 동안 비교 분석한 결론입니다.

저는 이 사실이 흥미로웠습니다. 왜냐하면 우리는 거의 항상 멀티태스킹을 하고 있기 때문입니다. 우리는 컴퓨터 화면에 여러 개의 프로그램과 브라우저 탭을 열어두고, 작업을 하는 중에도 잠시 트위터, 링크드인LinkedIn 또는 새로운 인터넷 웹사이트를 열어봅니다. 그리고 작업 중에도 휴대전화에 새로운 메시지가 도착했는지 주기적으로 확인합니다.

멀티태스킹이 위험한 이유는 우리가 자기 자신을 과대평가한다는

멀티태스킹의 환상:

1분 + 1분 = 1분

멀티태스킹의 현실:

1분 + 1분 = 4∼10분

것입니다. 내가 할 수 있다고 착각합니다. 사람의 뇌는 모두 구조가 같기 때문에, 멀티태스킹을 할 수 있다는 생각은 잘못된 것입니다.

여성이 남성보다 멀티태스킹을 더 잘하는지 여부에 대한 논의가 자주 있습니다. 이 부분을 명확히 밝힌 연구는 아직까지 없습니다. 어떤 연구는 여성이 남성보다 아주 조금 멀티태스킹을 잘한다고 주장하고, 어떤 연구는 그렇지 않다고 주장합니다. 어떤 작업을 하느냐에 따라 멀티태스킹의 효과가 달라지는 것일 수도 있습니다. 하지만 모든 연구에서, 남성과 여성 모두 멀티태스킹을 할 때 생산성이 급격하게 저하된다고 입을 모아 얘기합니다.

앞서 언급했듯이, 미팅과 프레젠테이션 중에 낙서를 하는 것은 도움이 됩니다. 하지만 이것도 멀티태스킹 아닌가요? 낙서도 한 가지 작업 아닌가요? 묻는다면, 맞습니다. 하지만 의식이 있는 상태이냐 없는 상태이냐가 중요한 차이점을 만들어냅니다. 걸어 다니면서 말하는 것은 힘들지 않습니다. 왜 그렇습니까? 왜냐하면 두 가지 작업 모두 의식적 노력이 필요 없이 자동화된 행동이기 때문입니다. 마찬가지로 낙서도 의식적 노력이 필요 없습니다.

그러나 고강도의 인지 작업을 한 번에 두 가지나 하는 것은 상황이 다릅니다. 두 작업 모두 의식적으로 집중해야 하기 때문에, 두 가지를 모두 잘하기는 어렵습니다.

여러분은 의식적으로

한 번에 한 가지 일밖에 하지 못합니다.

작업을 번갈아 가며 할 때의 단점

우리는 가끔 어떤 사람이 멀티태스킹을 잘한다고 착각합니다. 하지만 그 사람은 몇 가지 작업을 한 번에 처리하는 것이 아니라 두 작업을 번갈아 가면서 처리하고 있는 것입니다. 작업을 번갈아 하면 성과가 좋지 않습니다.

예를 들어, 한 학생이 책을 읽으면서 그 책을 요약한다고 합시다. 멀티태스킹을 하는 것처럼 보이지만, 이것은 물리적으로 불가능합니다. 만약 그것이 가능하다면, 그건 어떤 사람이 글을 쓰는 동시에 책을 읽을 수 있다는 것을 의미합니다. 실제로는 그 학생이 어떤 텍스트를 읽다가 중요한 정보라고 생각하고, 읽기를 멈추고 메모를 한 다음, 다시 읽기 시작하는 과정입니다. 이것은 멀티태스킹이 아니라 일을 번갈아 가면서 하는 것입니다. 일을 계속 번갈아 하다 보면 뇌 효율이 떨어지고, 집중력과 기억력에도 악영향을 미칩니다.

여러분이 읽으면서 메모를 하면, 즉 계속해서 읽고 쓰고 읽고 쓰기를 번갈아 하면, 평소 읽는 시간보다 약 30%가 지체되고, 메모하는 시간도 28%가 지체됩니다. 이렇게 쓴 메모의 질은 별로 좋지 않습니다.

작업을 번갈아 하면

반드시 생산성이 30% 저하됩니다.

무슨 일이든 한 번에 한 가지씩 처리하는 것이 좋습니다. 정보를 습득할 때는 그 일에만 집중하고, 다른 일과 병행하지 않습니다. 텍스트를 공부할 때는 블록 단위로 공부하는 것이 좋습니다. 한 단원, 한 단락 또는 한 개의 기사를 완전히 읽은 다음 읽은 내용을 요약해봅니다. 시간이 더 걸린다고 의심할 수 있습니다. 하지만 실제로는 시간이 더 든다기보다는 시간을 달리 분배한 것뿐입니다.

새로운 방법이 시간이 더 많이 드는 것이 아닙니다.

같은 시간을 다르게 분배한 것입니다.

학생들이 이런 질문을 자주 합니다. "한 단원을 모두 읽은 다음에 다시 첫 장으로 돌아가서 요약을 하는 게 시간이 더 들지 않나요?" 그렇지 않습니다. 블록 단위로 하는 것이 두 작업을 번갈아 하는 것보다 훨씬 더 시간이 적게 듭니다.

다음 단계로 넘어가 볼까요? 여러분이 어떤 정보를 읽으면서 외운 다고 가정해봅시다. 굉장히 당연한 일처럼 보입니다. 그러나 이것은 읽으면서 메모를 하는 학생과 똑같은 우를 범하는 것입니다. 잠시 읽다가, 중요하게 생각되는 부분을 발견하고, 읽기를 멈춘 다음 방금 읽은 내용을 기억해보려고 합니다(예를 들어, 펜으로 밑줄을 긋거나 외우고 싶은 부분을 여러 번 머릿속으로 되뇝니다). 하지만 이 방법은 세 가지 단점이 있습니다.

첫째, 여러분이 사용하는 뇌의 부위를 계속 바꾸게 됩니다. 암기를 마치면, 기억을 담당하는 뇌에서 정보를 기록하는 뇌로 전환합니다. 뇌는 다른 부위를 사용할 때마다 몇 분씩 시간을 지체하게 됩니다. 정말 시간 낭비입니다.

둘째, 방금 외운 내용이 기억의 저편에서 아른거리기 때문에 새로운 정보를 흡수하는 일에만 전념할 수 없습니다. 여러분이 의식으로 사용할 수 있는 뇌의 용량은 늘 1%이기 때문에, 다른 작업을 같이 하면 그만큼 정신에 부담이 됩니다. 결과적으로 여러분은 훨씬 더 느리게 읽고 정확성이 떨어집니다. 기억하고 싶은 내용이 많아지면 많아질수록, 책을 읽는 것에 집중을 하지 못하게 되면서 읽는 속도가 점점 느려지고 머릿속에 잡념도 점점 많아집니다.

뇌를 현명하게 씁시다.

읽기와 암기를 할 때 그것에만 전념하도록 합니다.

마지막 단점은 어떤 것을 외우자마자 다시 읽기 시작하면, 외운 내용을 기억 속에 응고하는 과정consolidation process이 방해를 받는다는 것입니다.

무언가를 배우거나 기억할 때는 뇌에서 새로운 연결 고리가 생성됩니다. 이 두 개의 뇌세포 사이에 생성된 새로운 연결 고리가 처음에는 약하기 때문에, 연결 고리가 끊어지지 않도록 일종의 칠 작업을 해야 합니다. 이것이 바로 응고 과정입니다. 어떤 내용을 외우자마자 다시 새로운 내용을 흡수하면 응고 과정이 방해를 받습니다. 방금 외우면서 만든 연결 고리들이 빠르게 약화되면서, 결국 내용을 까먹게 됩니다.

여러분의 기억력으로는 모래가 손가락 사이로 빠져나가는 것처럼 기억하는 것이 별로 없다고 느껴져도 이것은 여러분의 실제 기억력과는 관계가 없습니다. 여러분이 정보를 저장하기 위해 어떤 방법을 사용했는가의 문제일 뿐입니다.

암기보다 이해에 초점 맞추기

책을 읽을 때는 정보를 이해하는 것에만 집중합니다. 읽다가 이해하지 못한 부분이 있나요? 그렇다면 그 부분을 다시 읽어보면서, 사전을 찾아보고 밑줄을 긋는 등 내용을 제대로 이해하기 위해 모든 방법을 동원합니다. 내용을 완전히 이해한 다음에 외우는 것에 집중하도록 합니다.

그렇다면 이것을 가장 효율적으로 하는 방법은 무엇일까요? 여러분이 늘 하던 그 방법입니다. 기억하고 싶은 내용을 읽고, 잠시 멈추고 생각한 다음, 다시 읽기 시작하는 것입니다. 늘 하던 대로 하되, 한 문장씩 멈춰서 생각하는 것이 아니라, 다섯 페이지에서 열 페이지에 한 번씩 멈추고 생각합니다. 이렇게 한다고 해서 평소보다 시간이 더 드는 것이 아니라 시간 안배를 다르게 한 것뿐입니다. 저는 여러분이 간헐적으로 읽고 기억하지 않고, 연속적으로 읽고 기억했을 때 훨씬 더 빨리 읽고 내용도 훨씬 많이 기억한다는 쪽에 내기를 걸겠습니다.

읽으면서 기억하려고 애쓰지 않을 때

내용을 더 잘 기억할 수 있습니다.

물론 암기를 하지 않더라도 읽은 내용이 생각날 수 있습니다. 하지만 읽자마자 생각나는 것은 기억의 잔상입니다. 한 번 만난 사람의 이름을 기억하기가 어려운 것과 비교해볼 수 있습니다. 그 사람을 몇 번 더 만났거나, 이름을 여러 번 들었을 때 더 기억하기가 쉽습니다.

공부 읽기

저는 '공부 읽기study reading'가 효과가 없다고 생각합니다. 공부 읽기란 어떤 정보를 읽으면서 분석과 암기를 같이 하는 것입니다. 저는 이

것이 불가능하다고 봅니다.

이 발언에 대해 불편하게 느끼는 사람이 있다는 것을 잘 알고 있습니다. 약 4분의 1의 사람들이 정보를 처리하기 위해 공부 읽기를 사용하고 있습니다. 이 방법이 시간이 오래 걸리긴 하지만 정보를 기록하는 데 효과적이라고 생각할 수 있습니다. 지금까지 공부 읽기를 해왔다면, 정보를 처리하는 방법을 바꿔주기만 해도 많은 부분이 향상될 수 있습니다. 지속적으로 읽는 것과 배우는 것을 분리해서 하다 보면, 정보를 훨씬 더 정확하게 기억하고, 더 오래 기억할 뿐만 아니라 시간도 30% 절약할 수 있게 됩니다.

용기 내기

하던 방식을 버리는 것에는 용기가 필요합니다. 만약 마크가 한 말이 틀리고, 시간이 평소보다 더 많이 들면 어쩌지? 가뜩이나 부족한 시간을 더 낭비하고 싶지는 않을 것입니다. 아니면 이런 생각이 들 수도 있습니다. 만약 이 방법을 썼는데 예전만큼 잘 기억이 나지 않으면 어쩌지? 대부분 이런 위험을 감행할 여유가 없다는 것도 잘 압니다.

일하거나 공부할 때 새로운 방식을 사용하기가 벅차게 느껴질 수 있다는 것도 알고 있습니다. 그렇다면 작은 테스트를 하나 해보는 것도 나쁘지 않습니다. 비슷한 분량과 난이도의 텍스트 두 개를 준비합니다. 첫 번째 텍스트는 읽기와 배우기를 동시에 하는 '오래된' 방식을 사용해봅니다. 그리고 총시간을 재봅니다. 이것을 하는 데 한 시간이 걸렸으며, 이해도와 기억력에 점수를 준다면 10점 만점에 6점을 주었다고 가정해봅시다.

그다음 두 번째 텍스트를 새로운 방법을 사용해서 읽고 외운 다음 총시간을 비교해봅니다. 한 시간, 30분 혹은 20분인가요? 이해도에는 몇 점을 줄 건가요? 6점? 7점? 아니면 8점?

최악의 시나리오는 두 가지 방법 모두 한 시간이 들지만, 이해도는 6점에서 8점으로 향상되는 것입니다. 아니면 역으로 이해도는 그대로인데, 시간이 절반으로 줄어드는 것입니다. 이상적으로는 시간과 이해도 모두 향상되는 것을 볼 수 있습니다.

들으면서 할 일

지금까지 제3원칙을 다루면서 읽는 방법을 살펴봤습니다. 하지만 회의나 프레젠테이션은 어떻게 해야 할까요? 들으면서 메모를 하는 것이 좋을까요? 이것은 조금 까다로울 수 있습니다.

앞서 말했듯이 사람들의 평균 말하기 속도는 분당 125단어 정도입니다.[15] 평균 쓰기 속도는 분당 31단어쯤입니다.[16] 들은 내용을 모두 적고 싶어도 현실적으로 불가능합니다. 만약 아무것도 적지 않는다면 정보를 잊을 확률이 높습니다. 역으로 너무 많이 받아 적어도, 듣기보다 쓰기에 더 집중하게 되기 때문에 많은 부분을 놓칩니다. 우리는 쓰

거나 듣거나 의식적으로 한 가지 일밖에 집중하지 못합니다. 정말 난
감한 일입니다.

한 가지 문제가 더 있습니다. 만약 회의나 프레젠테이션 때 너무 많
이 받아 적으면, 정보를 기억하는 일에 소홀해지고, 들은 내용이 더
잘 생각나지 않습니다(이 부분에 관한 내용은 나중 단원에서 더 깊이 다루겠
습니다).

따라서 들을 때 최대한 적게 메모해야 중요한 내용을 놓치지 않습
니다. 예를 들어 'the', 'an' 또는 'a'와 같은 관사는 내용과 관련이 없
는 정보이기 때문에, 받아 적을 필요가 없습니다. 이것을 적는 시간에
중요한 정보를 놓칠 것이 뻔하기 때문입니다. 그렇기 때문에 어떤 정
보를 설명할 때는 핵심 단어만 사용하는 것이 좋습니다. 기억하는 데
도 도움이 되고, 말하는 내용을 더 효율적으로 들을 수 있습니다.

더 많이 받아 적을수록

듣는 내용을 더 많이 잊어버립니다.

핵심 단어만 사용해서 메모를 하더라도, 회의나 프레젠테이션이 너
무 빨리 진행돼서 정보를 놓칠 확률이 있습니다. 그렇다고 아주 희망
이 없는 것은 아닙니다. 발표가 끝나자마자 당장은 요점이 대부분 기
억나기 때문입니다. 따라서 회의나 프레젠테이션 직후에 요점을 메모
하는 것이 중요합니다. 너무 당연한 얘기처럼 들리겠지만 다 이유가
있어서 하는 말입니다. 우리는 방금 전 공부한 내용의 40%를 20분 이

내로 잊어버리고, 하루가 지나면 70%를 잊어버리기 때문입니다. 만약 회의나 발표 직후에 바로 커피 한잔 하러 가거나 이메일 회신을 하게 된다면 그사이 발표 내용의 3분의 1을 잊어버릴 것이라고 장담합니다.

제3원칙의 요약

여러 가지 인지 작업을 동시에 처리하면 능률이 떨어집니다. 따라서 일을 할 때 한 번에 한 가지씩 처리하는 습관을 들입시다. 정보를 처리할 때 한 가지 작업만 수행하고, 여러 작업을 번갈아 하지 않습니다.

텍스트를 공부하거나 요약할 때는, 블록 단위로 나누어 하는 것이 좋습니다. 만약 요약하는 것이 여러분이 좋아하는 공부 방법이면, 약 열 페이지 정도를 읽고 요약을 합니다. 일단은 너무 작은 단위로 세분화해서 작업하지 않는 것이 좋다는 것만 알고 있으면 됩니다. 책을 읽을 때는 다섯 페이지에서 열 페이지 단위로 끊어서 공부하는 것이 효율적입니다. 또한 텍스트의 원래 구조를 따라서 공부할 수 있다는 것도 기억합시다(예를 들어, 책의 한 단원, 한 단락 또는 한 개의 기사로 나누어 읽을 수 있습니다).

제4원칙
연관점 찾기

네 번째 원칙을 배우기 전에 작은 테스트를 하나 해봅시다. 155쪽에 있는 두 줄의 글자와 숫자의 조합을 10초 동안 외웁니다. 받아 적거나 하실 수는 없습니다.

어땠나요? 지금도 기억나는 내용을 적으면 안 됩니다. 5분 정도를 더 기다립니다. 아직 테스트를 해보지 않았지만 B열의 조합이 A열의 조합보다 더 잘 기억이 나는 것을 느낄 수 있을 겁니다.

자, 이제 종이에 기억나는 내용을 적어보세요. B열보다 A열에 실수가 더 많지 않았나요? 대부분 비슷한 결과가 나옵니다.

왜 B열이 더 기억하기 쉬웠을까요? 한 가지 이유는 뇌가 항상 이미 알고 있는 정보를 새로운 정보와 연결하면서 맥락을 형성하려고 하기 때문입니다. 우리는 무작위의 정보를 외우는 데 소질이 없습니다.

조금 더 알아봅시다. B열에 글자 'CIA'가 조합된 것을 봤습니다. 뇌가 이미 CIA가 무엇을 의미하는 약자인지 알기 때문에, 글자 세 개를 따로 외우지 않고, 세 글자를 한 개의 '이름'으로 묶어서 외웁니다. FBI나 USA라는 글자도 마찬가지입니다. 숫자 조합 2001과 911 역시 의미 있는 숫자이기 때문에, A열의 의미 없는 수의 조합 7332보다 더 쉽게 기억할 수 있습니다. B열의 다섯 개의 문자와 숫자 조합은 뉴스의 한 장면을 바로 연상하게 됩니다. 이처럼 B열의 조합이 더 쉽게 기억나는 이유는 콘텐츠 관련성이 있기 때문입니다.

이 간단한 테스트 하나로 뇌의 중요한 원칙 하나를 알 수는 있습니다. 뇌는 정보를 서로 연결하려고 합니다. 뇌는 한 사건의 큰 그림을 보거나, 정보를 구조화함으로써 새로운 정보를 이미 알고 있는 지식과 관련짓습니다. 이 과정을 조금 더 자세하게 알아봅시다.

새로운 정보와 알고 있는 지식 연결하기

우리 뇌는 연관점을 찾아서 새로운 정보를 과거에 배운 지식과 관련짓습니다. 만약 이것이 불가능하면 문제가 생깁니다. 예를 들어, 제가 예전에 스키 강습을 받을 때 어떤 자세 하나가 배우기 어려웠습니다. 스키 강사가 저에게 그 동작이 요트를 타는 것과 똑같다고 말했을 때, 저는 그 동작을 곧바로 보우라인bowline 매듭을 만드는 것과 비교할 수 있었습니다. 하지만 문제는 제가 한 번도 요트를 탄 적이 없고 로프를 묶어본 적이 없었다는 것입니다. 결국 저는 그 동작을 터득하지 못했습니다.

대략 우리가 새로운 정보를 알고 있는 정보와 연결했을 때 이해하고 기억할 수 있다고 말할 수 있습니다. 만약 그렇지 않다면 그 내용을 이해하고 기억하는 것이 더 어려워집니다.

이름 기억하기

이름은 익숙하지 않거나 낯설면 특히 기억하기 어렵습니다. 왜냐하면 그 이름을 들었을 때 머릿속에 아무것도 떠오르지 않기 때문입니다. 어려운 이름은 Tcaibl처럼 아무 의미 없는 단어와 똑같이 인식됩니다. 이런 종류의 이름을 기억하는 가장 좋은 방법은 이름을 작은 부분으로 쪼개서 익숙한 단어를 만들어내는 것입니다.

회의 때 헝가리 출신 심리학자 Mihaly Csikzentmihalyi를 만났다고 합시다. 동유럽 출신이 아니라면, 이 이름은 쉽게 기억하기 어렵습니다. 어떻게 발음해야 할지 모르기 때문에 더 어려워집니다. 이 사람의 성을 음절로 이렇게 나눠볼 수 있습니다.

Chick sent me high

이제 이 이름이 훨씬 쉬워졌습니다. 왜 그럴까요? 이제 이 이름은 여러분이 인지하고 있는 요소로 이루어졌기 때문에 더 쉽게 이미지가 연상되는 것입니다. 특이한 이름이라고 다 같은 방법으로 기억하냐고요? 아닙니다. 하지만 창의력을 조금만 발휘해도 대부분의 이름은 기억할 수 있게 됩니다.

이해한 내용만 기억할 수 있습니다.

정보를 지식과 연결하는 또 다른 방법은 과거 지식을 활성화하는 것입니다. 새로운 법안에 대해 공부한다고 가정해봅시다. 새 법안에 대한 내용은 모르더라도, 어떤 영역에 속해 있는지는 알 수 있습니다. 그렇다면 같은 영역에 속해 있는 관련법을 떠올리면 새 법안과 관련된 정보를 담고 있는 뇌세포를 미리 활성화시킬 수 있게 됩니다. 활성화된 뇌세포들이 새로운 정보를 오래된 정보와 더 쉽게 연관 지을 수 있게 되기 때문에 새 정보가 더 빨리 이해되고 기억에도 더 오래 남습니다.

뇌는 서로 연결된 뇌세포의 집합입니다.

큰 그림 보기

뇌세포 사이에 연결 고리가 형성된다는 것은 이해했다는 의미이고 이해가 되면 정보를 기억합니다. 뇌세포 사이에 연결 고리를 만들어주는 또 다른 방법은 사건의 큰 그림을 보는 것입니다. 가장 간단하게는 퍼즐 조각을 맞추는 것을 예로 들 수 있습니다.

만약 여러분이 그림을 모르는 상태에서 1,000개의 퍼즐 조각을 맞추어야 한다면 꽤나 어려울 것입니다. 퍼즐 조각 자체는 아무것도 말해주는 것이 없기 때문입니다. 하지만 큰 그림을 보고 나면, 각 퍼즐 조각의 맥락을 알게 되므로 맞추기가 훨씬 더 쉬워집니다.

이 원리는 퍼즐에만 국한되지 않습니다. 서로 전혀 관련 없는 정보를 습득하는 것은 어렵습니다. 우리 뇌는 큰 그림을 이해했을 때 훨씬 더 정보를 빠르고 효율적으로 습득합니다.

이 원리는 아주 흥미로운 연구를 통해서 확인됐습니다. 두 집단의 학생들에게 탐정 소설을 읽게 했습니다. 첫 번째 집단은 소설을 한 페이지씩 주고, 한 페이지를 모두 읽기 전까진 다음 페이지로 넘어가지 못하게 했습니다. 두 번째 집단은 결론부터 읽은 다음 책의 나머지 부분을 읽게 했습니다. 따라서 이 학생들은 누가 어떤 동기를 가지고 살인을 저질렀는지 이미 알고 있었습니다.

이 두 집단을 비교해본 결과, 한 페이지씩 읽은 집단이 책을 모두 읽는 데 30%의 시간이 더 필요했습니다. 또한 책에 대한 이해도도 다른 집단보다 상당히 낮았습니다. 하지만 '큰 그림'을 먼저 이해한 두 번째 집단은 텍스트를 38% 더 잘 이해했고, 중요한 사실과 그렇지 않은 사실을 더 잘 분간해냈습니다. 따라서 큰 그림을 보는 것은 정보를 장기적으로 더 쉽게 기억할 수 있게 해줍니다.

의미는 큰 그림을 이해하는 것에서 시작됩니다.

정보는 독립적으로 존재하지 않고, 항상 전체의 일부분으로 존재합니다. 전체를 보고 나면, 개별 요소를 더 빠르고 쉽게 배울 수 있습니다.

맥락이 없는 정보는 이해하기도 기억하기도 어렵습니다.

특히 방대한 양의 텍스트를 다룰 때는 미리 차례를 보고 맥락을 이해하는 것이 도움이 됩니다. 차례를 보면서 그 주제에 대해 이미 알고 있는 내용을 생각해볼 수 있습니다. 이렇게 하면 앞으로 읽을 텍스트의 내용을 어느 정도 예측할 수 있습니다. 무엇을 기대해야 할지 알기 때문에, 텍스트를 읽을 때 뇌에서 신호를 더 빨리 보낼 수 있게 됩니다. 그 말은 정보를 더 빨리 처리할 수 있다는 뜻입니다. 일반적으로 우리가 소화할 수 있는 분량의 텍스트가 약 열 페이지이기 때문에 열 페이지 이상의 텍스트를 다룬다면 미리 개요를 읽어두는 것이 좋습니다.

생각보다 우리는 자주 이렇게 하고 있습니다. 영화를 보기 전에 예고편을 보거나 영화평을 읽기도 하는데, 이 덕분에 영화의 대략적인 줄거리를 알고 관람하게 됩니다. 자동차 경주도 좋은 예입니다. 자동차 경주는 주행 루트에 대한 정보를 사전에 아는 것이 중요합니다. 운전자 옆 조수석에 앉은 내비게이터가 루트 상황을 보고 예를 들어 전방 300m에서 좌측으로 급회전하라고 방향을 지시해줍니다. 물론 운전자가 운전 중에 알게 될 일이지만, 미리 급회전을 준비할 수 있게 됩니다. 그 결과 주행 시간을 단축시킬 수 있습니다. 정보를 처리할 때도 똑같습니다.

정보 구조화하기

정보와 정보 사이에 연결 고리를 만드는 세 번째 방법은 정보를 구조화하는 것입니다. 한 대규모 집단 연구에서 참가자들에게 112개의 단어를 외우게 했습니다. 한 집단에는 단어를 무작위로 나열해서 보여주었고, 나머지 한 집단에는 도구, 동물, 직업 등 관련성이 있는 단어끼

리 모아서 보여주었습니다. 그리고 두 집단 중 어떤 집단이 단어를 더 많이 기억하는지 시험해보았습니다. 결과는 놀라웠습니다. 단어가 구조적으로 나열됐을 때, 거의 모든 참가자가 100%까지 기억했습니다. 그러나 무작위로 나열된 단어를 본 참가자들은 단어를 평균 63%밖에 기억하지 못했습니다.

정보를 구조화하는 것은 정보를 장기적으로 기억하는 최고의 방법 중 하나입니다. 기억술이 효과적인 이유도 이것 때문입니다. 거의 모든 기억술이 정보를 구조적으로 흡수하고, 저장하고, 기억하도록 설계되어 있습니다.

정보를 구조화하면 정보를 오래도록 기억할 수 있습니다.

정보를 구조화하는 가장 좋은 예는 '로키 기법loci system'입니다. 이 기억술은 정보를 여러분이 익숙한 방에 있는 사물과 결합시킵니다. 일이 더 늘어날 것 같죠? 하지만 뇌에선 어떤 일이 일어나고 있을까요? 새로운 정보를 거실에 있는 가구나 물건처럼 여러분이 잘 알고 있는 사물과 연결시켰습니다. 따라서 머릿속으로 거실을 떠올리기만 해도, 연결시킨 정보를 기억할 수 있게 됩니다. 터무니없을 것 같지만 굉장히 효과적인 기억술입니다.

세계암기력대회라는 것도 있습니다. 이 대회에서 참가자들은 역사적 사실, 전화번호, 프레젠테이션, 단어, 카드 순서 등 온갖 것을 기억해야 합니다. 테스트 난도가 얼마만큼 높은지 그리고 참가자들이 얼마만큼 놀라운 능력을 가지고 있는지 상상도 못 하실 겁니다. 예를 들어 참가자들은 21초 만에 52개의 카드 순서를 기억할 수 있습니다. 대회 참가자들 중 대부분은 로키 기법만을 사용합니다.

마인드맵

마지막으로 마인드맵 기법을 소개하겠습니다. 마인드맵은 이번 단원에서 설명한 모든 요소를 하나로 집대성합니다. 마인드맵은 기억할 정보의 도식을 만드는 것입니다. 마인드맵을 만들면 내용이 아주 쉽게 기억납니다.

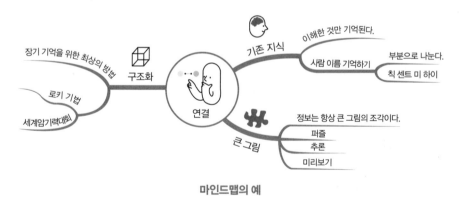

마인드맵의 예

왜 마인드맵을 사용하면 정보가 쉽게 기억날까요? 그것은 이번 단원에서 다룬 모든 것과 관련이 있습니다. 마인드맵은 정보의 개요를 보여주고 구조화시키며 여러 가지 정보를 연결해줍니다. 마인드맵을 구글맵과 비교해볼 수 있습니다. 지도를 축소해서 전체 그림을 볼 수 있고, 또 확대해서 세부 사항을 구체적으로 볼 수 있습니다. 정보를 일목요연하게 보여주는 역할을 해줍니다.

그림의 마인드맵을 보면, 정보가 핵심 단어로 적혀 있습니다. 문장 전체를 쓰는 것보다 시간도 덜 들고 효율적입니다. 문장 전체를 쓰면 마인드맵이 스파게티 면처럼 정신없이 꼬이기 때문에 간단한 핵심 단어로 정리하는 것이 좋습니다.

정보를 전달하는 것은 정보를 기록하는 것과는 다릅니다.

마인드맵을 이용하기 위해서는 이미지와 창의력을 사용해야 합니다. 이미지와 창의력은 정보를 저장하는 데 굉장히 중요한 요소입니다. 이 부분에 대해서는 제6원칙과 제7원칙에서 다루겠습니다.

마인드맵 활용하기

마인드맵핑은 일종의 노트테이킹 기법이므로, 이론적으로는 거의 모든 곳에 사용할 수 있습니다. 일반적으로, 정보량이 많고 복잡할수록 마인드맵이 그 진가를 발휘하게 됩니다. 전통적인 노트테이킹 기법보다 마인드맵이 더 적합한 경우를 살펴봅시다.

읽기 자료의 요약

마인드맵을 사용하면서 정보를 구조화하기 때문에 더 효과적으로 암기할 수 있고, 상위 개념과 하위 개념을 더 쉽게 구분할 수 있습니다. 또한 각 정보가 어떻게 서로 연관되어 있는지 한눈에 알 수 있습니다.

회의와 프레젠테이션 노트

정보를 핵심 단어 위주로 적기 때문에, 정보를 기록하는 시간이 적게 들고 발표자가 하는 말을 놓치지 않고 따라갈 수 있습니다.

브레인스토밍

마인드맵핑은 연상 작용을 도와주므로 새로운 아이디어를 구상하기 쉬워집니다. 그룹 또는 혼자서 브레인스토밍을 할 때 새로운 생각을 할 수 있게 도와줍니다.

이 책은 뇌를 효율적으로 사용하기 위한 여덟 가지 원칙을 소개하고 있기 때문에, 마인드맵핑을 더 자세하게 알고 싶다면 마인드맵핑 수업에 참여하기를 권합니다.*

---

*《기적의 뇌 사용법Gain More from Your Brain》에서 마인드매핑에 대한 내용을 읽어볼 수 있습니다.

제4원칙의 요약

의미 없는 내용을 개별적으로 기억하는 것은 굉장히 어렵습니다. 우리 뇌는 다른 원리로 작동합니다. 뇌는 사건의 큰 그림을 보거나 정보를 구조화함으로써 정보를 과거 지식과 연관 짓는 특성이 있습니다.

이 특성을 잘 활용하여 개별적인 내용을 보기 전에 큰 그림을 먼저 본다면, 정보를 더 빠르고 쉽게, 그리고 더 효율적으로 처리할 수 있게 됩니다.

이것이 어떻게 작용하는지 살펴봅시다.

제5원칙
적극적으로
생각하기

우리는 읽기만 하면 자동으로 이해하고 기억할 것이라고 착각합니다. 뇌가 눈앞의 정보를 알아보는 것 이상을 필요로 하지 않는다고 가정하는 것입니다. 뭐 정보를 한 번 더 읽어봐야 할지는 모르지만 그 뒤로는 아무 문제가 없을 것이라고 여깁니다. 그러니까 뇌는 정보에 대해서 생각할 필요가 없고, 그저 흡수하기만 하면 된다는 말이겠죠?

우리가 정보를 수동적으로 읽을 때 분명 뇌 안에서는 무슨 일이 일어나기는 하지만, 그리 큰 변화는 아닙니다. 그래서 우리는 기억에 조금이라도 남길 바라며 텍스트를 두 번 세 번 읽게 되는 것입니다. 하지만 이 전략은 그리 효율적이지 않습니다.

하지만 사실 적극적으로 생각하기만 해도 뇌가 정보를 전송하는 속도를 올리고 향상시킬 수 있습니다. 뇌가 활성화될수록 정보를 흡수하는 속도는 빨라집니다.

테니스를 예로 들어보겠습니다. 테니스를 잘 치고 싶다면, 다른 사람이 테니스 치는 것을 백날 본다 한들 실력이 늘지 않습니다. 실제로 테니스를 쳐봐야 실력이 늡니다. 정보를 학습하는 것도 같은 원리로 작동합니다. 뇌가 너무 놀고 있으면 뇌 건강에 좋지 않습니다. 아래 그림을 보면 우리가 적극적으로 뇌를 사용해야 학습 효과가 향상되는 것을 알 수 있습니다.

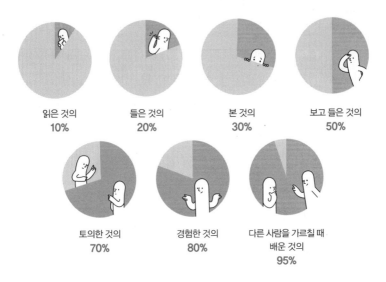

읽은 것의 10%	들은 것의 20%	본 것의 30%	보고 들은 것의 50%

토의한 것의 70%	경험한 것의 80%	다른 사람을 가르칠 때 배운 것의 95%

수치가 정확한 것은 아닙니다. 단지 우리가 더 적극적으로 공부할 때 정보를 더 잘 흡수한다는 것을 보여주기 위해 도식화한 것뿐입니다.

설명하기

뇌를 적극적으로 사용하는 첫 번째 방법은 새로 배운 정보를 다른 사람에게 자기 말로 설명해주는 것입니다. 자기 말로 표현하기 때문에, 텍스트에 적힌 문자 틀에서 벗어나 정보를 자기 지식 및 경험과 연결시키게 됩니다.[19] 그러면 그 글과 정보를 더 포괄적으로 이해하게 됩니다.

자기 말로 설명을 하면 텍스트에서 설명된 것 이상의 연결 고리를 만들 수 있습니다. 텍스트에서 서로 밀접한 연관을 가진 사건들을 설명해줍니다. 하지만 그 관계를 모두 말로 설명해주지는 않습니다. 간단한 예를 들어보겠습니다. "벤은 바르셀로나에 갔습니다. 목적지에 절반쯤 도착했을 때 연료를 보충해야 했습니다." 이 문장에서는 벤이 바르셀로나까지 차를 몰았다는 말이 없지만, 충분히 예측할 수 있습니다. 이것을 여러분이 자기 말로 설명하다 보면, 뇌가 각 문장을 연결하면서 텍스트를 더 깊이 있게 이해하게 됩니다.[20]

질문하기

뇌를 적극적으로 사용하는 또 다른 방법은 정보를 기록하는 즉시 질문을 하는 것입니다. 그렇게 하면 집중력을 향상시킬 뿐만 아니라 자기 지식과 텍스트의 다른 요소들과의 연관점도 바로 찾을 수 있게 됩니다. 그렇다고 평소보다 시간을 너무 많이 들일 필요는 없습니다. 그저 조금 더 의식적으로 집중을 요구할 뿐입니다.

텍스트를 수동적으로 공부하지 말고, 적극적으로 질문합니다.

정보를 더 신속하고 효과적으로 저장하기

다섯 번째 원칙은 정보를 기록하고 분석하는 것뿐만 아니라 기억하는 것에도 적용됩니다. 책을 읽을 때 적극적으로 다른 정보와 연관성을 찾게 되면, 기억에 훨씬 더 오래 남습니다. 공부하면서 연결 고리를 만들면, 나중에 참고할 수 있는 부분이 더 생기게 됩니다. 이것은 나중에 공부한 내용을 장기 기억에서 불러오는 것을 도와줍니다.[21]

의미 없는 복습은 그만

자주 이렇게 해보셨을 겁니다. 프레젠테이션 참석 후에 필기한 노트를 다시 보거나, 전문 서적을 읽은 후에 앞서 읽었던 단원을 다시 읽어봅니다. 이렇게 하면 정보를 다시 한 번 훑어보기 때문에 분명히 기억에 남을 거라고 생각할 수 있습니다. 그러나 수동적으로 글을 다시 읽거나, 훑어보는 것은 기억에 아무런 영향도 주지 않습니다. 시간 낭비일 뿐입니다. 연구에 따르면 수동적으로 책을 다시 읽는 것은 기억에 아무런 향상을 보여주지 못한다고 합니다.[22]

우리가 어떤 것을 수동적으로 복습하는 것과 적극적으로 복습하는 것에는 굉장히 큰 차이가 있습니다. 정보를 복습할 때 적극적으로 생각하면 더 오랫동안, 그리고 효율적으로 기억할 수 있습니다. 우리는 정보를 다시 읽으면 내용을 곧바로 인식한다고 생각합니다. '내가 이미 아는 내용이야'라고 생각하면서 말입니다. 정보를 이렇게 인식하는 것은 개별 글자와 단어를 인식하는 수준에 머무를 뿐입니다. 인식한 이후에 별다른 일이 생기지 않고, 기억 속에 강한 연결 고리를 만들어

주지도 못합니다.

여기에는 또 한 가지 요소가 더 개입되어 있습니다. 이를 심리학 용어로 '맥락 의존 기억context dependent memory'이라고 합니다. 이것은 정보를 학습하는 행위가 기억하는 행위와 유사해야 한다는 뜻입니다. 두 행위가 유사할수록 결과가 향상됩니다. 시험을 위해 공부를 해야 한다고 가정해봅시다. 정보를 수동적으로 읽는 것은 정보를 혼자서 기억해내는 과정과 차이가 있습니다. 학습 과정이 시험에 출제된 질문을 대답해야 하는 과정과 차이가 있다는 뜻입니다.

텍스트를 읽거나, 프레젠테이션을 듣고 난 다음 텍스트를 다시 읽거나 필기 내용을 다시 공부하지 않기를 권합니다. 대신 내용을 스스로 기억해냅니다. 필기한 내용을 보지 않고, 정보의 핵심 단어를 떠올립니다. 정보를 찾기 위해 기억을 파헤치는 과정에서 정보를 더 정확하고 포괄적으로 기억하게 됩니다.

하지만 오랜 시간이 지난 뒤에 정보를 복습하는 것은 별 효과가 없습니다. 왜일까요? 시간이 지나면 정보가 어느 정도 가라앉아 있는 상태여서, 그 정보를 기억해내려면 뇌를 적극적으로 활성화시켜야 하기 때문입니다. 어떤 문장이나 단어를 읽을 때 뇌는 기억 속에서 관련 개념과 주제를 찾아냅니다.

모의고사/최종 연습

종이에 생각나는 핵심 단어를 적어보는 것은 또 다른 장점이 있습니다. 나중에 이것을 강의 노트나 책과 비교해보면, 어떤 것을 기억했고, 또 어떤 것을 기억하지 못했는지 알 수 있습니다. 만약 책에 일곱 가지 전략을 소개했는데, 종이에 적은 것이 여섯 개밖에 없다면, 한 가지를 제대로 기억하지 못한다는 것을 알 수 있습니다. 그렇다면 놓친 부분만 따로 공부하는 것이 좋습니다. 학생들에게 완벽한 모의고사나 다름없습니다. 시험 기간 전에 내 실력이 어느 정도인지 미리 가늠해볼 수 있습니다.

정말 알고 있는 것과 모르는 것을 알아야 합니다.

낡은 복습 방법은, 텍스트를 한 번 읽고, 내용을 외울 때까지 읽고 또 읽는 것입니다. 새로운 복습 방법은, 정보를 학습하면서 스스로에게 질문을 하는 것입니다. 질문을 하게 되면 읽기에 방해가 되지만, 실제로 뇌가 더 빠르고 효율적으로 정보를 흡수하게 됩니다. 정보가 어려울수록, 정보를 적극적으로 학습하는 것이 더 효과적입니다.

정보를 적극적으로 복습하는 것이 수동적으로 복습하는 것보다 빠를 수밖에 없습니다. 적극적인 복습은 기억에 더 깊게 각인되고, 정보를 더 오랫동안 효과적으로 기억할 수 있게 해줍니다. 기억에 훨씬 깊게 남기 때문에, 복습할 때 시간이 적게 들고, 결과적으로 시간을 절약하게 됩니다.

연습할수록 더 쉬워집니다.

스스로 시험해보기

여러분이 단어 공부를 해야 한다고 합시다. 대부분은 단어를 여러 번 반복해 읽어서 외웁니다. 하지만 적극적인 복습 방법은 스스로 질문해보는 것입니다. 이렇게 하면, 어떤 단어가 잘 기억나고 어떤 단어 공부가 더 필요한지 금방 알 수 있습니다.

이미 익숙한 내용을 다시 읽거나 시험해보는 것이 귀찮을 수 있습니다. 이미 알고 있는 내용은 복습하지 않아도 상관이 없습니다. 이미 아는 것을 다시 읽는다고 점수가 더 좋아지지 않기 때문에, 그건 분명 시간 낭비입니다. 하지만 이상하게도 스스로 시험해보는 것은 뜻밖에도 좋은 결과를 가져다줍니다. 전체 주제를 공부하면서 자기가 이미 잘 알고 있는 내용에 대해 스스로 질문해보는 것은 시험 점수를 크게 향상시킬 수 있습니다.

이 차이점은 대규모 연구에 의해 밝혀졌습니다. 두 집단의 참가자들에게 똑같은 정보를 공부하게 했습니다. 첫 번째 시험 이후, 한 집단은 자기가 이미 알고 있는 문제에 대해서는 또다시 질문을 받지 않았습니다. 다른 한 집단은 첫 번째 시험 이후에도 계속 모든 문항에 대해 대답해야 했습니다. 학습 과정이 끝날 때쯤, 첫 번째 집단은 정보의 35%밖에 기억하지 못했지만 두 번째 집단은 80%를 기억해냈습니다.[23] 이 연구 결과는 반복 자체는 의미가 없지만, 스스로 시험해보는 것은 유의미하다는 것을 입증했습니다. 첫 번째 공부 방법은 수동적이었고, 두 번째 공부 방법은 적극적이었기 때문입니다.

제5원칙의 요약

정보를 수동적으로 기록하거나 복습하는 것은 상대적으로 많은 시간이 드는 것에 비해 결과는 좋지 않습니다. 우리 뇌는 자동 주행을 할 때 자기 실력을 완전히 발휘하지 못합니다. 뇌가 적극적으로 작업을 수행할수록, 정보를 더 빨리 흡수하고, 오랫동안 기억할 수 있습니다.

다섯 번째 공부 원칙을 이번 주에 시도해보세요. 그날그날 공부한 내용을 적극적으로 복습해보고 결과를 확인해봅니다. 텍스트를 읽을 때는, 주기적으로 질문하고, 읽은 뒤에 알고 있는 내용을 종이에 적어봅니다.

정보를 더 확실하게 기억하는 방법이 또 있습니다. 그것은 다음에 소개할 원칙과 관련이 있습니다.

제6원칙
이미지 사용하기

여러분은 어떤 것을 기억하기 쉽습니까? 글자가 기억하기 쉽나요? 아니면 그림이 기억하기 쉽나요? 대부분의 사람들은 그림을 더 쉽게 기억합니다. 맞습니다. 그림이 글자보다 기억하기가 더 쉽습니다. 뇌의 3분의 1이 시각 정보를 처리하는 데 쓰입니다. 계획하고, 감정을 파악하고, 몸을 움직이는 등 뇌가 수백 가지 일을 처리해야 한다는 점을 고려했을 때 3분의 1은 굉장히 큰 부분입니다.

우리가 굉장히 시각적으로 사고한다는 것이 흥미롭습니다. 물론 다른 방법으로 공부하는 것을 더 선호할 수도 있습니다. 예를 들어, 청각 지향적인 사람들은 정보를 읽는 것보다 말로 들었을 때 더 쉽게 이해합니다. 또 어떤 것을 직접 해봤을 때 이해가 잘된다면, 운동감각 지향적인 사람입니다. 어찌 됐건, 이미지가 기억에 가장 확고하게 남는다는 것은 만인 공통입니다. 기억의 언어가 이미지라고 해도 과언이 아닙니다.

한 가지 예를 들어보겠습니다. 여러분이 그 나라 말을 모르는 상태로 외국에 가서 산악 트레킹을 계획한다고 가정해봅시다. 만약 현지 언어를 사용할 수 있다면 누워서 떡 먹기일 것입니다. 정보를 기억하는 것도 같은 원리입니다. 만약 뇌의 언어를 사용할 줄 안다면 정보를 저장하는 것은 식은 죽 먹기입니다. 뇌의 언어는 이미지입니다.

이것을 뒷받침하는 연구는 수백 개에 달하지만, 그중 제가 제일 좋아하는 연구는 '베이커-베이커 패러독스Baker-Baker paradox'입니다.[24] 연구 참가자 전원에게 한 남자의 사진을 보여주었습니다. 첫 번째 집단에는 이 남자의 성이 '베이커Baker'라고 알려주었고, 두 번째 집단에게는 그의 직업이 '제빵사Baker'라고 알려주었습니다. 2주 뒤에 참가자들은 이 남자의 이름 또는 직업에 대해 아느냐고 질문을 받았습니다. 그의 직업을 제빵사라고 알려준 집단은 쉽게 기억했습니다. 하지만 이름을 알려준 집단은 대부분 기억을 하지 못했습니다. 분명 '베이커'라는 같은 단어를 기억하는 일이었는데, 두 집단의 결과가 이렇게 차이가 났을까요? 우리는 제빵사라는 직업을 떠올릴 때, 곧바로 어떤 사람이 빵을 굽는 모습을 연상합니다. 이 정보는 쉽게 시각화할 수 있는 정보입니다. 하지만 베이커라는 이름을 기억하는 것은 베이커라는 동명이인을 알고 있지 않은 이상 조금 더 어렵고, 시각적인 정보를 불러오기 어렵습니다.

정보를 이미지로 바꾸면, 뇌가 자연스럽게 정보를 처리할 수 있습니다. 결과적으로 정보가 더 확고하고 정확하게 뇌에 저장됩니다.

현재 하버드 대학에서 뇌에 이미지가 얼마만큼 정확히 저장되는가를 연구하고 있습니다. 이 연구는 참가자들에게 사막, 공원, 학교와 같은 이미지 3,000개를 보여줍니다. 그다음 한 장은 이미 본 이미지를, 나머지 한 장은 처음 보는 이미지를 200쌍 보여주었습니다. 그리고 참가자들에게 자기가 봤던 이미지를 가리키도록 했습니다. 아무도 이것을 어렵게 느끼지 않았고, 96%를 정확하게 맞혔습니다. 기억해야 하는 이미지 숫자를 늘렸을 때도, 참가자들은 이미지를 기억하는 데 아무런 문제가 없었습니다.[25]

따라서 무엇인가를 외울 때 이미지로 외우는 것은 좋은 방법입니다. 모든 정보를 이미지로 바꿀 수 있냐고요? 아닙니다. 하지만 창의력이 조금만 있어도 웬만하면 다 할 수 있습니다. 몇 가지 예를 살펴봅시다.

이름 기억하기

앞에서 이름을 기억하는 것에 대해 다루어보았습니다. 이름을 얼마나 잘 기억하는가는 여러분의 나이나 기억력과 상관이 없고, 사용하는 기억 방법의 효과성에 달려 있습니다.

이름을 기억하는 방법은 여러 가지가 있습니다. 하지만 가장 효과적인 방법은 이름을 이미지로 변환해서 기억하는 것입니다. 대부분의 이름은 간단하게 기억할 수 있지만, 어떤 이름은 어렵고 창의력이 더 필요할 수 있습니다. 여러분이 행크Hank라는 사람을 만났다고 합시다. 그의 이름은 '탱크tank'와 발음이 비슷합니다. 저는 행크라는 사람을 만날 때면, 그가 탱크를 몰고 있는 것을 상상합니다. 이상하게 들리지만, 이제 그의 이름은 이미지로 변환이 됐기 때문에 뇌가 더 쉽게 처리할 수 있습니다.

이 방법이 잘 통하는 이유는 탱크가 인식할 수 있는 구체적인 사물이기 때문입니다. 반면에 '행크'라는 이름은 추상적이기 때문에, 여러분이 행크라는 사람을 이미 알고 있지 않은 이상 뇌의 아주 작은 부분만이 활성화됩니다. 하지만 추상적인 정보가 이미지로 변환되면, 뇌가 정보를 더 쉽게 처리할 수 있습니다.

이름을 이미지로 변환하는 또 다른 방법은 이름을 이미 알고 있는

사람과 연결시키는 것입니다. 요한이란 이름을 들으면 저는 유명한 네덜란드 축구 선수인 요한 크루이프Johan Cruyff를 떠올립니다. 새로운 동명이인을 만나면, 이 사람이 축구공을 들고 있는 모습을 떠올립니다. 이름을 유명인사, 친구 또는 가족과 연결시켜 생각할 수 있습니다. 모든 이름을 인물과 연결시키긴 어렵지만, 창의력을 조금만 발휘해도 해결할 수 있습니다. 이름만 이미지로 바꾸는 것이지 그 사람의 외모적 특징을 이미지로 바꾸는 것이 아닙니다. 후자는 너무 과정이 복잡해집니다. 제 경험상 아주 두드러지는 인상을 가진 사람은 드뭅니다.

추상적인 이름을 구체적인 사물 또는 유명한 사람과 연결하고, 그 연결 고리를 시각화하면, 여러분만의 '이름 사전'을 만들 수 있게 됩니다.

이름 사전의 예

이름	연결 고리	이미지
Mark(마크)	marker(마커)	colored marker (컬러 마커)
Ben(벤)	Big Ben(빅 벤)	clock(시계탑)
Justin(저스틴)	Justin Bieber(저스틴 비버)	singer(가수)
Albert(알버트)	Albert Einstein (알베르트 아인슈타인)	blackboard(칠판)

이런 이름 사전을 만드는 것이 번거로워 보일지 몰라도, 경험상 여러분도 이 방법에 금방 적응하고, 이름도 쉽게 기억하게 될 겁니다.[*]

숫자 기억하기

이름을 기억하는 것 다음으로 어려운 것이 숫자를 기억하는 일입니다. 이유는 이름을 기억하는 것과 마찬가지로 숫자 자체가 추상적인 개념이고, 그 자체로 무언가를 말해주지 않기 때문입니다. 그 숫자가

---

[*] 자랑하려는 것은 아니지만 이름 사전의 효과에 대해 말씀드리겠습니다. 최근에 저는 65명의 학생을 가르쳤습니다. 이 방법을 통해 학생들의 이름을 이미지로 변환한 결과 65명 중 63명의 이름을 기억할 수 있었습니다. 이 방법을 연습하면 여러분이 이름을 더 잘 기억하게 되는 것을 금세 알아차릴 수 있을 겁니다.

여러분이 태어난 해이거나 집 번지수처럼 여러분에게 중요한 숫자가 아니면 기억하기 어렵습니다. 숫자도 이미지로 변환하게 되면 뇌가 쉽게 처리할 수 있기 때문에 기억하기 쉽습니다.

정보를 이미지로 변환할 때, 난이도의 수준이 같아야 합니다. 숫자, 이름 또는 개념을 변환할 때도 똑같습니다.

하지만 숫자처럼 추상적인 문자를 어떻게 이미지로 변환할 수 있을까요? 가장 단순한 방법은 숫자-모양 기법입니다. 이것은 숫자의 모양을 토대로 그림을 만드는 기법입니다. 예를 들어 숫자 2는 백조처럼 보이고, 숫자 8은 눈사람처럼 보입니다.

아래는 '숫자-모양 기법number-shape system'을 사용해서 숫자 열 개와 이에 상응하는 그림 이름을 나열한 목록입니다. 이 체계는 직관적이기 때문에 숫자를 기억하는 데 도움이 됩니다.

1 - 양초   6 - 요요

2 - 백조   7 - 부메랑

3 - 수갑   8 - 눈사람

4 - 돛단배   9 - 줄 달린 풍선

5 - 갈고리   10 - 골프채와 골프공

예를 들어, 친구가 1981년생이라는 것을 기억하고 싶다면, 그가 눈사람 옆에 서서 양초를 들고 있는 모습을 생각합니다(81). 숫자를 외울 때까지 끊임없이 반복하는 방법도 있겠지만, 시간이 너무 많이 들고 여러 연구에서 이 방법이 가장 비효율적인 암기 방법이라는 것을 밝혔습니다.

숫자를 외우는 또 다른 방법이 있습니다. 특히 긴 숫자를 외울 때 효과적인 '메이저 기법Major-system'입니다. 메이저 기법은 숫자를 알파벳과 연관시켜 이미지를 형성하는 방법입니다. 굉장히 번거롭게 들리지만, 제 경험상 한번 제대로 터득하기만 하면 굉장히 효과적입니다. 아래는 숫자를 알파벳으로 변환한 목록입니다.

1	T or D	T와 D는 둘 다 한 변이 수직입니다.
2	N	N은 다리가 두 개 있습니다.
3	M	M은 다리가 세 개 있습니다.
4	R	영어로 4는 Four인데 R로 끝납니다.
5	L	로마 숫자로 50은 L입니다.
6	G	알파벳 대문자 G의 모양이 6처럼 보입니다.
7	K	K는 7 두 개를 겹쳐놓은 모양 같습니다.
8	V or F	V8 내연 엔진.
9	P or B	9는 P 또는 B가 거울에 비친 이미지입니다.
0	Z or S	영어로 0은 Zero입니다.

단어를 만들기 위해 모음 a, e, i, o, u를 추가합니다. 추가로 자음 w, h, y(why)를 사용할 수 있습니다. 또한 쌍자음은 숫자 하나로 칩니다. 따라서 coffee라는 단어는 8이 한 개만 있습니다. 만약 같은 자음 두 개 사이에 다른 알파벳이 있으면, 두 개 다 숫자입니다. 따라서 lily는 5 가 두 개 있습니다.[26]

예제

원주율 π의 소수점 10자리를 암기해봅시다. 아래를 보면 소수점 10자리가 단어로 변환된 것을 볼 수 있습니다. 이 단어를 사용해서 이야기를 만들 수 있습니다. "In a ToweR a DoLl was sitting in a PaN of GeL waiting for the MaiL.(탑 속의 인형은 냄비 속 젤리 위에 앉아서 편지를 기다리고 있었습니다.)" 이 재미있는 이야기는 의미 없는 숫자보다 훨씬 기억하기가 쉽습니다.

14	15	92	65	35
ToweR	DoLl	PaN	GeL	MaiL
(탑)	(인형)	(냄비)	(젤리)	(편지)

이것은 반드시 지켜야 하는 규칙이 아닙니다. 꼭 필요한 경우에만 사용하다 보면, 긴 숫자를 단어로 만들어서 외우는 것이 쉬워질 겁니다.

세계 대회

사람은 거의 모든 것을 그림으로 기억할 수 있습니다. 제4원칙에서 세계암기력대회 선수들에 대해 소개했습니다. 선수들은 대회에서 역사적 사실, 추상적인 그림, 이름과 얼굴, 이진수, 카드 순서 그리고 시처럼 다양한 장르를 외웁니다. 거의 모든 대회 참가자가 정보를 이미지로 변환한 다음, 이미지를 구조화하거나 순서대로 나열합니다(이들은 주로 로키 기법을 사용합니다).

정보를 이미지로 변환하면, 뇌가 금방 알아들을 수 있는 언어로 바꾼 것이기 때문에, 선수들은 초인적인 결과를 낼 수 있습니다. 아래는 선수들의 기록입니다. 선수들이 정보를 처리하고 암기하기까지 걸린 시간에 특별히 유의합니다.

종목	암기한 숫자	소요 시간	이름
이진수	4,040개의 이진수	30분	벤 프리드모 Ben Pridmore
이름과 얼굴	84명	5분	시몬 라인하드 Simon Reinhard
카드 순서	884개의 카드	30분	벤 프리드모 Ben Pridmore
역사적 사실	132개의 사실	5분	요하네스 맬로 Johannes Mallow
무작위 숫자	937개의 숫자	15분	요하네스 맬로 Johannes Mallow

위의 세계 챔피언들은 특별히 더 똑똑하거나 사진 기억이 특출하지 않습니다. 그들은 이 책에서 소개된 원칙 몇 가지를 잘 활용한 것뿐이므로, 여러분도 그렇게 할 수 있습니다. 몇 년 뒤면 여러분도 세계 챔피언이 될지도 모릅니다!

다시 한 번 말씀드리지만 정보를 이미지로 변환하는 것은 힘들지 않습니다. 세계 암기 챔피언들이 그것을 증명했습니다. 새로운 언어를 배우는 것처럼, 한 번만 터득하면 됩니다. 예를 들어 자전거가 네덜란드어로 'fiet'라는 것을 알고 나면 또다시 배울 필요가 없는 것과 같습니다. 정보를 이미지로 변환할 때도 똑같습니다. 정보를 이미지로 변환하지 않으면 뇌는 그 정보를 기억하기 위해 다른 방법을 써야 합니다. 하지만 뇌는 굉장히 시각적으로 반응하기 때문에 다른 방법을 사용하는 것이 어렵고 시간도 더 걸리고 효과가 떨어집니다.

그림 그리기

정보를 항상 이미지로 변환해야 하는 것은 아닙니다. 텍스트 정보 옆에 그림이 있어도, 그 정보를 훨씬 수월하게 기억할 수 있습니다. 그림이 텍스트와 전혀 연관이 없어도 여전히 기억에 오래 남습니다. 이것은 신문 기사에서 가장 기억에 오래 남는 기사가 어떤 것인지 조사하는 연구에서 밝혀졌습니다. 놀랍게도, 사람들이 가장 잘 기억한 기사는 광고면 바로 옆에 있는 기사였습니다. 여기서 놀라운 점은 광고가 기사 내용과 전혀 관련이 없었다는 것입니다.

이 결과에 대한 설명은 꽤 단순합니다. 여러분은 정보를 의식적으로 또는 무의식적으로 옆에 있는 이미지와 연관시킵니다. 이 이미지는 뇌가 정보를 불러오는 도구가 됩니다. 그 말은 이미지가 정보의 신경 경로를 강화시킨다는 의미입니다. 이미지가 텍스트와 관련되지 않더라도, 기억하는 것에는 변함이 없습니다. 그것이 해 그림처럼 간단하더라도 상관이 없습니다. 이것은 쉽게 실험해볼 수 있습니다. 책을 읽을 때 책 여백에 그림을 그리거나, 노트를 필기할 때 작은 그림을 그려보세요. 그러면 그 내용을 더 쉽게 기억할 수 있게 됩니다.

반대로 여러분이 발표를 하거나 글을 쓸 때 사람들이 기억해주길 바란다면 그림을 넣어볼 수 있겠죠. 그림을 최대한 많이 활용하면 여러분의 글을 읽거나 발표를 듣는 사람들이 정보를 쉽게 기억할 수 있게 됩니다.

제6원칙의 요약

이미지는 굉장히 쉽게 기억할 수 있습니다. 정보를 이미지로 변환하면 뇌가 정보를 쉽게 처리할 수 있기 때문에 기억하기 쉽습니다. 여러분이 여러 가지 방법으로 정보를 불러오는 데 도움을 주기도 합니다. 부가적인 장점은 기억하고자 하는 정보의 종류와 관계가 없다는 것입니다. 여러분이 기억하고자 하는 정보의 종류와 관계없이 정보를 이미지로 변환하는 데 드는 시간은 동일합니다.

정보를 이미지로 변환하는 것이 쉬울 때도 있고, 그렇지 않을 때도 있습니다. 하지만 창의력을 조금만 발휘하면 크게 문제가 되지 않습니다. 다음 원칙에서는 창의력에 대해 다루어보겠습니다.

제7원칙
창의력 활용하기

과거에는 정보를 반복해서 보는 것이 기억을 장기화하는 데 도움이 된다고 생각했습니다. 하지만 지금은 이것이 시간 대비 효율이 가장 떨어지는 방법이라는 것을 알고 있습니다. 이 방법은 뇌에 전혀 자극을 주지 못하기 때문에, 외우려면 복습을 굉장히 많이 해야 합니다.

창의력은 기억하는 과정을 빠르고 쉽게 만들 수 있습니다. 정보를 기억하는 데 창의력이 필요한지 의아해할 수 있습니다. 하지만 창의력을 사용하는 것은 기억력을 향상시키는 아주 중요한 방법입니다. 어떻게 이용할 수 있는지 알아봅시다.

우리가 어떤 것을 까먹는 대표적인 이유는 기억하고자 하는 정보를 이미 알고 있는 정보와 혼동해서입니다. 어떤 것을 기억하려면, 그것이 어떻게든 눈에 띄어야 합니다. 그 말은 정보가 놀랍거나 충격적일 때 기억할 확률이 높다는 뜻이기도 합니다. 심리학에서는 이것을 발견한 과학자의 이름을 따서 '폰 레스토프 효과Von Restorff effect'라고 합니다.

이 효과를 조사한 여러 가지 연구가 있지만, 여러분은 이 효과를 매일같이 활용하고 있습니다. 한번 지난주에 일어난 일들을 떠올려봅시다. 여러분의 일상에서 독특한 일일수록 기억이 잘 날 것입니다.

정보를 기억에 남게 하는 몇 가지 방법이 있습니다. 한 가지는 유머를 사용하는 것이고, 또 다른 하나는 어떤 것을 기괴하게 만들거나 터무니없게 만드는 것입니다. 여기서 일곱 번째 원칙이 적용됩니다. 바로 창의력을 쓰는 것입니다.

앞에서 우리는 기억을 활성화시키기 위해 이미지를 사용하는 것에 대해 공부해봤습니다. 여러분이 이미지를 과장하거나, 우스꽝스럽거나, 희한하게 만들어주기만 해도 효과가 배가됩니다. 여러분이 기억하고자 하는 정보와 이미지의 연결 고리가 요상할수록 효과적입니다.

저는 이름을 기억할 때, 이름을 이미지로 바꿀 뿐만 아니라 그 사이에 엉뚱한 연결 고리를 만듭니다. 예를 들어 저는 '짐Jim'이라는 이름을 항상 '체육관gym'과 연결시켜 생각합니다. 체육관을 떠올리기만 할 수도 있지만, 저는 짐이 체육관에서 역기를 들고 운동하는 모습을 상상하는 것이 훨씬 더 효과적입니다. 이것이 제가 말하는 창의적인 연결 고리입니다. 이런 연결 고리는 굉장히 독특하기 때문에 기억에 강하게 각인됩니다.

이 기억술은 이름 외에 다른 여러 가지를 기억하는 데 사용될 수 있습니다. 질문과 답변을 할 수 있는 것이라면 어떤 것이든 가능합니다. 그렇기 때문에 어떤 개념이나, 나라의 수도 또는 단어를 외울 때도 사용할 수 있습니다.

미국 미시시피 주의 주도는 잭슨입니다. 위의 방법을 사용하면 미시시피 강에서 마이클 잭슨이 수영하고 있는 모습을 상상해서 잭슨 시의 이름을 기억할 수 있습니다(엄청 황당하지요). 이 과정은 세 단계로 이루어집니다. 먼저 정보를 이미지로 변환합니다. 그다음 머릿속으로 '미시시피 주의 주도는 어디지?'라는 질문과 '잭슨'이라는 답변을 연결합니다. 마지막으로 질문과 답변 사이에 특이하고 엉뚱한 연결 고리를 만듭니다. 모든 것에 적용할 수 있냐고요? 아닙니다. 하지만 웬만한 것은 창의력이 조금만 있어도 적용할 수 있습니다.

기억 훈련을 통해 창의력 키우기

창의력을 사용하면 기억력이 향상됩니다. 하지만 반대로 기억력을 향상시키면 더 창의적인 사람이 될 수 있습니다. 정확하게 표현하자면 향상된 기억이 창의적인 아이디어를 떠올리는 데 도움이 됩니다.

그 이유를 알려면, 먼저 창의력의 개념을 이해해야 합니다. 창의력의 정의는 '기존 요소를 새롭게 연결해서 어떤 것을 창조해내는 것'입니다. 창의력은 조합, 연계와 사물 간의 연결 고리를 만드는 작업입니다. 여러분의 지식이 풍부할수록 창의력의 재료가 풍부해지는 것입니다. 이렇게 생각해보세요. 레고 블록이 조금밖에 없다면, 간단하고 평이한 구조물밖에 못 만들지만, 레고 블록이 한 통 가득 있다면 훨씬 더 복잡한 구조물을 만들 수 있습니다. 지식도 마찬가지입니다. 만약 지식이 얕으면 새로운 아이디어를 떠올리기 힘들어집니다. 지적 건축 자재가 부족하기 때문에 훌륭한 아이디어, 즉 집을 지을 수 없는 것입니다.

일반적으로 여러분은 수년간 경험해온 것에 대해서 창의적인 영감을 얻습니다. 이러한 영감을 얻을 만큼 그 분야에 대해 충분한 지식을 쌓았기 때문입니다. 만약 지식이 충분하지 않다면, 어떤 주제에 대해서도 영감을 얻기 힘듭니다. 제대로 알지도 못하는 분야에 대해 어떻게 깊이 생각할 수 있겠습니까?

여기서 굉장히 중요한 것을 알 수 있습니다. 정보를 외우는 일이 정말 중요하다는 것을요! 대부분의 사람들이 생각하는 것과는 굉장히 상반됩니다. 대개는 '어디서 찾아볼 수 있는 내용이라면, 외울 필요가 없다'고 생각합니다. 이런 생각은 위험합니다. 왜냐하면 사람들이 더 이상 지식 함양을 하지 않게 만들기 때문입니다. 결과적으로 사람들과 지식을 더 적게 나누면, 창의적인 해결 방법도 더 줄어들고 시간도 더 오래 걸립니다. 기억에 대해 이런 태도를 갖고 있다면 우리는 점점 더 바보가 될 것입니다. 사건의 사실에 관한 지식보다는 깊은 사고를 위해 필요한 지식이 퇴화되고, 지식을 융합해서 새로운 것을 창조하는 능력이 떨어지게 될 것입니다.

분석

아직도 못 믿으시겠어요? 그렇다면 '창의력'이라는 단어를 '분석 능력'으로 바꾸면 금방 알 수 있습니다. 여러분은 정보를 분석하는 일을 합니다. 여러분이 직장에서 돈을 받는 이유가 그것 때문입니다. 분석이 무엇인가요? 분석은 바로 창의력의 다른 말입니다. 여러분이 정보를 분석하는 능력을 키우고 싶다면, 몇 가지 해야 할 일이 있습니다. 하나씩 살펴볼까요?

1) 타당성 검토
새로운 정보를 기존 지식과 비교하여 타당성을 검토할 수 있습니다. 따라서 그 주제에 대한 지식이 이미 있어야 비교가 가능합니다! 주제에 관한 지식이 얕을수록 비교 검토가 부실해집니다.

2) 활용도 검토

정보의 활용도를 검토하려면 마찬가지로 기존 지식과 연관을 지어야 합니다. 여러분이 현재 진행하고 있는 프로젝트, 고객 정보 파일, 보고서 등도 기존 지식입니다. 여러분이 준비가 덜 될수록, 새로운 정보와 진행하는 프로젝트 사이의 연결 고리를 놓치기 쉽습니다.

3) 새롭게 응용

한 가지 정보를 다른 정보와 연결할 때 새로운 영감과 지식이 생깁니다. 만약 A라는 글의 핵심을 기억하지 못한다면 B라는 글의 핵심과 연결을 한다는 것 자체가 불가능할 것입니다.

내용을 아직 다 준비하지 못했는데, 그냥 검색해보면 되지 않나? 이렇게 생각하실 수 있습니다. 그러나 저는 이것을 두 가지 이유로 반대합니다. 첫째로, 여러분이 무엇을 찾아봐야 할지를 알고나 있는지 의심스럽습니다. 둘째로, 여러분이 무엇을 검색해야 할지 알고 있다면, 그것을 검색함으로써 '그렇지' 하고 깨달을 기회를 놓치게 됩니다. '그렇지' 하는 순간은 여러분의 머릿속에 있는 두 개의 정보를 연결시켰을 때 얻는 깨달음입니다. 여러분이 검색에 의존한다면, 깨달음의 사고 과정을 방해받게 됩니다. 다시 한 번 레고의 예를 들어보겠습니다. 여러분이 사용할 레고 블록을 계속 찾아다니게 되면, 레고로 집을 짓는 과정은 크게 지연될 것입니다.

구글 때문에 기억력이 감퇴하는 걸까요?

구글과 같은 검색 엔진이 우리를 바보로 만든다고 합니다. 사실일까요? 어느 정도 사실이라고 볼 수 있습니다. 한 연구에서는 우리가 어떤 정보를 다시 찾을 수 있다는 것을 인식하고 있다면 정보를 쉽게 잊어버리게 된다고 합니다.[27] 우리는 구글을 마치 우리의 외장 하드처럼 생각하기 때문에 더 이상 기억하는 것을 중요하게 여기지 않습니다. 따라서 구글이 우리의 가용 가능한 지식수준을 떨어뜨려서 이해 수준을 같이 떨어뜨렸다고 볼 수 있습니다.

어떻게 하면 더 창의적인 사람이 될 수 있을까?

많은 사람이 창의력은 타고나는 것이고, 아주 짧은 순간 일어난다고 생각합니다. 여러분이 '창의적인 기분creative mood'을 느껴야 한다고 말입니다. 이러한 추측은 우리가 창의력을 향상시킬 수 없다는 것을 가정합니다. 최근 발표된 연구에서 이것이 사실이 아님을 밝혔습니다. 여러분이 집중하고 싶을 때 조용한 방에 들어가는 것처럼, 창의력도 비슷한 방법으로 영향을 줄 수 있습니다.

우리는 언제 가장 창의적일까?

우리는 예민하지 않을 때 가장 창의적이라고 합니다. 창의력은 새로운 영감을 얻기 위해 새로운 길을 걷는 것과 같습니다. 그런데 이 새로운 길을 탐험하는 과정이 논리와 유추에 의해 방해받고 독특하고 상반된 아이디어를 버리게 만듭니다. 문제는 우리의 유추 능력이 너무 발달했기 때문에 거의 매 순간 이런 상황이 발생합니다. 하지만 여러분이 예민하지 않을 때 유추 능력이 둔해져서, 더 창의적인 생각이나 통찰을 개발할 수 있습니다.[28] 너무 의식적으로 집중하면 창의적인 영감이 생기지 않습니다. 창의력은 예상하지 못한 순간에 일어납니다.

비슷한 이유로, 우리가 지루함을 느낄 때 창의력이 나올 수 있습니다. 우리는 대개 너무 단순하거나 단조로운 작업을 할 때 지루함을 느끼는데 뇌가 다른 일에 대해 생각할 여유를 줍니다(이것을 '공상'이라고도 하죠). 단순한 작업을 하는 것은 나름대로 목적이 있습니다. 우리가 논리적인 사고로부터 벗어나게 만듭니다. 우리의 예민함이 둔해지면서*, 자유롭게 사고할 수 있는 공간을 만들어줍니다.

이것은 빈 공간을 채우라는 두 번째 원칙에 위배됨을 발견하신 분도 있겠지만, 창의력은 집중력과 같이 빈 공간을 채우는 것이 중요한 다른 인지 기능과 반대되는 성질을 가지고 있다고 보면 됩니다.

---

* 알베르트 아인슈타인은 특허청의 사무원으로 수년간 일했습니다. 이 직업은 그의 지적 수준에 미치지 못한다고 사람들이 평가합니다. 이러한 직업에도 불구하고라기보다 어쩌면 이런 직업 때문에 그가 굉장한 사상가가 될 수 있었던 건 아닐까요.

걷기를 통한 창의력 향상

스탠포드 대학에서 진행한 연구에 따르면 걷는 것만으로도 창의력을 향상시킬 수 있다고 합니다.[30] 여러분이 실외에서 걷든 실내에서 걷든, 러닝머신 위를 걷든 상관없습니다. 걷는 행위 자체가 창의력을 60%가량 높여준다고 합니다. 지금부터 아이디어 구상을 할 때 걸으면서 하는 것이 어떨까요?

'창의적인' 생각을 가진 동료 중에 최소한 한 명은 책상이 늘 어지러울 것입니다. 도대체 그 사람이 책상에서 물건이나 찾을 수 있을까 의심스럽나요? 이상한 것은 이들이 종이가 수북이 쌓인 곳에서도 항상 물건을 쉽게 찾는다는 것입니다.

창의력 훈련하기

한 가지 효과적인 연습 방법은 1분 동안 한 가지 사물의 쓰임새를 최대한 많이 떠올리는 것입니다. 페이퍼 클립의 쓰임새에 대해 생각해 보세요. 이 연습을 처음 할 때는, 1분 동안 8~9가지 쓰임새를 떠올릴 수 있습니다. 하지만 연습량이 늘수록, 더 많은 쓰임새를 떠올릴 수 있고, 훨씬 더 창의적인 쓰임새를 생각할 수 있게 됩니다. 연습할 때마다 새로운 사물을 선택합니다. 예를 들어 성냥, 물통 또는 바나나의 쓰임새를 생각해보세요.

과거에는 어질러진 책상을 그 사람의 창의력의 결과라고 생각했습니다. 그럴 수도 있지만, 그 반대도 사실일 수 있습니다. 어지러운 환경이 사람을 더 창의적으로 만든다고 생각할 수도 있습니다.

이 관계를 한 연구에서 조사했습니다. 연구진은 두 집단의 학생들에게 창의력을 필요로 하는 활동을 진행했습니다. 바로 탁구공의 새로운 쓰임새를 찾는 것이었습니다. 각 집단은 다른 환경에 노출되었습니다. 첫 번째 집단은 완벽하게 정돈되고 깨끗한 방에서 활동을 진행했고, 두 번째 집단은 어질러진 방에서 활동을 진행했습니다. 어질러진 방에 있던 학생들이 깨끗한 방에 있던 학생들보다 탁구공의 쓰임새를 더 많이 고안해냈습니다. 따라서 연구진은 어질러진 환경이 일반적인 사고에서 벗어나도록 도와주어 새로운 영감을 얻을 수 있게 해준다고 결론 내렸습니다.[31]

하지만 어질러진 환경에서 일하는 것은 창의력에 도움이 된다는 장점이 있지만 단점도 있습니다. 어질러진 책상에서 작업할 때 생산성이 12% 정도 저하됩니다.[32] 어질러진 책상은 창의적인 생각에 도움이 되는 반면, 깨끗한 책상은 집중력을 향상시킵니다. 결국 모든 성과는 때와 장소에 따라 달라질 수 있습니다.

탁구공의 다양한 쓰임새

학생들이 생각해낸 탁구공의 용도는 특별히 쓸모 있어 보이는 것은 없습니다. 이 활동은 학생들의 창의력을 자극하기 위한 것이었습니다. 하지만 혹시 모르죠. 이 쓸모없는 아이디어가 언젠가는 혁신적인 아이디어로 변모할지도 모릅니다. 바로 이렇게 과학의 발전이 이루어졌습니다.

악기

측정 단위

추진 장치

측정 도구

광대 코

볼풀ball pit

방울

머리 장식

미니어처 풋볼

마사지 도구

운반 도구

인형의 얼굴

미니어처 골프공

눈사람

열쇠고리

디오라마의 달

사슬

부표

건축 자재

제7원칙의 요약

과거에는 창의력이 기억과 상반된다고 여겨졌지만, 이것은 사실이 아닙니다. 창의력을 발휘하는 것은 뇌에서 정보가 빨리 전달될 수 있도록 해주는 훌륭한 방법입니다. 창의력이 정보를 기억에 굳히는 아교라고 말할 수도 있지만, 효과는 그 이상입니다.

창의력은 작업을 할 때도 중요한 요소입니다. 우리가 정보를 서로 연결해서 새로운 발상을 할 수 있도록 도와주기 때문입니다. 창의력은 '창의적인 사람'의 전유물이 아닙니다. 창의력은 우리의 분석 능력을 향상시켜줍니다.

이제 마지막 공부 원칙을 살펴봅시다.

제8원칙
필요 이상으로
공부하지 않기

너무 많이 공부해서 결과가 안 좋을 수도 있을까요? 그럴 수 있습니다. 우리가 늘 하는 실수이기도 합니다. 우리는 너무 오랫동안 읽거나, 한 번에 너무 많은 정보를 습득하거나, 어떤 것을 너무 자주 복습합니다. 이것은 뇌에 약한 연결 고리만 생성하게 만들어서 능률을 떨어뜨립니다. 이상하죠? 하지만 그 말은 노력을 덜하고도 능률을 올릴 수 있다는 뜻이기도 합니다. 그것이 어째서 가능한지 알아봅시다.

저는 얼마 전에 인상적인 문구를 읽었습니다. "책에 코를 박고 있는 시간은 시험 점수와 무관하다."[33]

대부분의 학생들이 공부 시간이 길어지면 점수가 좋아질 것이라고 예상합니다. 안타깝게도 장시간 공부하는 것이 좋은 결과를 가져다주지는 않습니다. 과도하게 공부해도 점수가 낮아질 수 있습니다.

일할 때도 마찬가지입니다. 주당 80시간 노동은 헌신이 아니라 비효율성과 비생산성을 뜻합니다.

초과근무는 생산성을 떨어뜨린다

역설적이지만, 일반적으로 주당 40시간 일하는 사람의 생산성이 주당 60시간 일하는 사람보다 높습니다. 이것은 스탠포드 대학에서 밝힌 연구 결과입니다. 연구진에 따르면 주당 48시간 이하로 일하는 사람들의 총생산량은 일하는 시간에 비례했습니다. 그러나 주당 48시간을 초과해서 일하는 사람들의 총생산량은 일하는 시간에 비례하지 않

있습니다. 주당 48시간을 초과해서 일하는 사람들은 생산성이 낮았습니다. 총생산량과 총시간을 비교해본 결과, 연구진은 주당 60시간을 일하는 사람의 생산량은 주당 40시간 일하는 사람의 3분의 1밖에 되지 않는다고 결론 내렸습니다.[34]

주당 80시간 일하는 것은

헌신이 아니라 비효율성을 뜻합니다.

초과근무를 하면 생산성이 떨어질 뿐만 아니라 작업의 품질도 저하됩니다. 크게 신경 쓸 문제가 아닌 것처럼 보일지 모르지만, 병원에서 직원들이 24시간 또는 48시간 당직을 선다고 생각해봅시다. 그들이 과연 근무시간 내내 성과가 좋을까요? 그럴 리가 없습니다. 의사나 간호사가 지쳐서 실수를 하기 시작한다고 생각해보세요. 이것이 왜 위험한지 아실 것입니다.

스웨덴에서는 하루 6시간 일하는 것의 효과를 연구하고 있습니다. 하루 6시간 일하는 것은 정신적 건강 개선, 병가 횟수 감소, 행복감과 안정감 향상 등의 긍정적인 효과가 있습니다. 가장 중요한 효과는 바로 생산성 증대입니다. 연구진은 6시간을 넘게 일하면 생산성이 점점 감소하고 지치게 되는 것을 발견했습니다. 오히려 다음 날 컨디션에 영향을 주어 생산량이 줄어들게 됐습니다. 여러분이 너무 오랫동안 일하거나 공부할 때 근본적으로 몸에 어떤 일이 일어나는지 알아봅시다.

우리는 몇 시간 읽을 수 있을까?

연구에 의하면, 쉬지 않고 60분 이상 책을 읽을 경우, 이해도가 37%가량 감소한다고 합니다.[35] 뇌의 '기록 스펀지recording sponge'가 완전히 젖어서 더 이상 정보를 빨아들일 수 없게 되는 것입니다. 여러분이 소설을 읽고 있다면, 이것은 큰 문제가 되지 않습니다. 이야기에 몰입하는 것이 중요하지, 나중에 정보를 정확하게 기억해낼 필요가 없기 때문입니다. 하지만 일을 위해 읽는 것은 완전히 다릅니다. 이 경우 정보를 최대한 정확하게 기억하고 재생산해야 합니다. 읽을 때는 최대 55분을 초과하지 않아야 합니다.

그러나 요즘에는 글을 너무 읽지 않아서 문제입니다. 이메일, 전화 또는 동료와의 대화 때문에 읽는 시간을 방해받습니다. 여러분이 하는 일과 작업환경에 따라 다르겠지만, 평균 3분에 한 번꼴로 위에 언급된 방해 요소로 작업을 중단하게 됩니다. 다시 작업에 몰입하기까지는 약 20분이 필요합니다. 심지어 3분마다 작업을 번갈아 가면서 하는 사람들이 있습니다![36]

완급을 조절하는 것이 여기서도 중요합니다. 최소 20분은 방해받지 않는 시간이 필요합니다. 한 시간 동안 방해를 받으면서 작업하는 것보다 방해 없이 20분간 작업을 할 때 훨씬 더 많은 일을 처리할 수 있을 것입니다.

20분 블록 단위로 일하면 뇌가 더 효과적으로 기능을 발휘합니다.

블록 단위로 일하는 것은 기억력 향상에도 도움이 됩니다. 우리 기억력은 어떤 것을 배우고 난 직후보다는, 몇 분 정도 지나고 난 다음이 가장 좋습니다. 뇌는 먼저 정보를 완전히 처리하고 난 다음, 그것이 익숙해지면 과거 습득된 지식과 결합을 하기 시작합니다. 블록 단위로 일하게 되면, 주기적으로 쉬는 시간을 보내게 되고, 뇌가 정보를 처리할 시간을 충분히 줘서 기억에 오래 남게 됩니다.

뇌가 처리할 수 있는 정보량은?

이제 필요 이상으로 장시간 공부하는 것이 전혀 도움이 되지 않는다는 것을 알았습니다. 한 번에 너무 많은 양의 정보를 흡수하려고 해도 공부가 넘칩니다. 이 문제의 해결 방법 역시 블록 단위로 일하는 것입니다.

정보를 처리해서 장기 기억에 저장하기 전에 먼저 정보를 단기 기억에서 처리해야 합니다. 첫 번째 원칙을 기억한다면, 단기 기억은 우리의 의식적인 주의력을 담당하기 때문에 처리할 수 있는 정보량에 한계가 있습니다. 우리는 평균 일곱 가지를 단기 기억에 저장할 수 있습니다(일곱 단어, 숫자 일곱 개 등등). 만약 그 이상을 기억해야 한다면, 머릿속 물컵이 넘쳐서 정보를 잃게 됩니다. 그 말은, 한 번 공부할 때마다 일곱 가지씩 공부하는 것이 좋다는 뜻입니다.

여러분이 100개의 개념 또는 단어를 외워야 한다고 가정해봅시다.

한 번에 10개씩 외우는 것이 논리적인 것처럼 느껴집니다. 그러나 우리 단기 기억은 10개를 버겁게 느끼기 때문에 정보를 완전히 처리하지 못할 가능성이 큽니다. 차라리 5개씩 20번에 걸쳐 외우는 것이 더 똑똑한 방법입니다. 다음 다섯 단어로 넘어가기 전에 처음 다섯 단어를 완벽하게 외우도록 합니다. 단기 기억에 있는 정보를 장기 기억으로 보내서 단기 기억을 주기적으로 비워야 합니다. 정보를 완전히 이해했을 때 자동으로 단기 기억에서 장기 기억으로 옮겨가게 됩니다.

한 번에 일곱 가지 이상 공부하지 않습니다.

조금씩 여러 번 공부하기

블록 단위의 정보 흡수가 중요합니다. 그리고 블록 단위로 조금씩 여러 번 공부하면 그 효과가 훨씬 좋아집니다. 두 시간을 쉬지 않고 계속해서 공부하는 것보다 20~30분씩 중간중간 휴식을 취하면서 네 번 공부하는 것이 더 효과적입니다. 이것은 능률을 높이는 가장 단순하고 효과적인 방법입니다.

한 번에 장시간 공부하는 것보다

조금씩 여러 번 공부하는 것이 효과적입니다.

조금씩 여러 번 공부할 때, 평소 외우는 시간의 절반만 투자해도 같은 효과를 볼 수 있다고 밝혀졌습니다.[37]

조금씩 공부하는 것이 효과적인 이유는 많습니다. 먼저 집중력에도 긍정적인 영향을 미칩니다. 장시간 공부하면 집중력이 크게 저하됩니다. 조금씩 공부하면 중간중간 휴식을 취할 수 있기 때문에, 작업할 때 집중해서 정보를 더 잘 처리할 수 있게 됩니다.

또한 새로운 정보를 흡수하는 데 기존에 존재하는 정보가 방해가 될 수 있습니다. 이제는 아시겠지만 습득한 정보를 잘 처리하려면 먼저 머릿속에 통합되어야 합니다. 휴식을 취하면 뇌가 종전에 기록한 정보를 처리할 시간을 가지게 됩니다.

이름을 외울 때도 이 방법을 사용할 수 있습니다. 어떤 사람의 이름을 외우는 데는 5초 정도 시간이 필요합니다. 한 번에 여러 사람을 만나서, 한꺼번에 소개를 받으면 사람들의 이름을 전부 기억하기가 어려워집니다. 뇌가 이름과 얼굴을 연결시킬 시간이 부족하기 때문입니다. 한 사람씩 5초 동안 소개를 받으면 새로운 이름을 처리할 시간을 확보할 수 있게 됩니다.

한 사람당 5초 동안 소개받는 것이 어렵지 않은 것처럼 보이지만, 어떤 사람과 5초 동안 악수를 한다고 생각해보면 굉장히 어색할 것입니다(이건 경험에서 우러나온 말입니다). 악수하는 방법 말고 다른 방법을 생각해내야 합니다. "죄송한데, 이름이 뭐라고 하셨죠?" 처음에 이름을 완벽하게 들었다 하더라도 이렇게 질문해봅시다.

정보를 기억하려면 먼저 그것을 머릿속에 통합시켜야 합니다.

따라서 배운 내용을 오래 숙성시킬수록, 기억에 오래 남습니다. 공부를 더 많이 하라는 것이 아니라, 조금씩 여러 번 블록으로 하라는 뜻입니다. 공부 시간의 총량에는 변화가 없지만, 공부 블록 수가 늘어나야 합니다.

30분 블록의 학습 과정으로 공부하면,

기억에 더 오래 남습니다.

벼락치기 공부는 도움이 되지 않습니다. 물론 시험 전날 공부해도 시험에 낙방하지 않을 수 있지만, 시험을 친 다음 날이 되면 내용을 대부분 잊게 될 것입니다. 조금씩 여러 번 간격을 두고 공부하면 기억에도 오래 남습니다.

조금씩 여러 번 복습하기

복습도 마찬가지입니다. 조금씩 나눠서 복습하는 것이 한 번에 장시간 복습하는 것보다 훨씬 효과적입니다.[38] 중요한 회의, 발표 또는 시험이 열흘 뒤에 있다면, 매일 복습하는 것보다 격일에 한 번 복습하는 것이 좋습니다.

우리가 정보를 격일로 복습하면, 기억이 조금 가라앉습니다. 따라서 기억의 깊은 곳에서 정보를 가져오는 과정에서 정보를 더 효과적으로 기억하게 됩니다. 역설적이지만 정보를 조금 잊어버림으로써 더 잘 기억할 수 있다는 것입니다. 오랜 연구와 경험으로 이것이 효과적이라고 말씀드릴 수 있습니다. 또한 이것은 다섯 번째 학습 원칙과 연관이 있습니다. 우리 뇌는 적극적으로 활동하고 싶어 합니다.

복습 주기가 제대로 배분되면

복습 횟수가 줄어도 높은 점수를 받을 수 있습니다.

책 한 권을 통째로 읽은 다음에 다시 첫 장으로 돌아가서 복습하는 것은 비효율적입니다. 그때쯤이면 대부분의 정보가 이미 유실된 상태입니다. 우리는 20분 안에 배운 내용의 40%를 잊어버립니다. 정보를 복습할 때는, 어떤 것을 읽거나 듣고 난 다음 조금 기다렸다가 복습하는 것이 좋습니다. 또한 복습 간격을 조금씩 늘리는 것이 좋습니다. 처

이것은 복습 스케줄의 예제입니다. 스케줄을 완벽하게 따를 필요는 없습니다.
복습 간격을 늘리는 방법을 알려주는 것뿐입니다.

음에는 복습을 더 자주 하다가, 나중에는 복습 횟수를 줄여나갑니다.

정보를 숙성시키는 것의 중요성

복습과 관련된 주제는 정보의 숙성입니다. 텍스트의 어느 한 부분을 읽고 나면 다음 부분으로 넘어가거나 복습을 하기 전에 조금의 휴식을 취하는 것이 좋습니다. 읽은 직후에 다시 읽는 것은 무용지물입니다. 한 연구에서 빠르게 두 번 읽는 것과 한 번 읽는 것에 아무런 차이가 없다는 것을 밝혔습니다.[39] 어느 정도 시간이 지난 다음에 정보를 다시 읽는 것이 좋습니다.[40]

다시 복습하기!

이 책의 첫 단원에서 대부분의 사람들이 복습을 통해 정보를 기억한다고 했습니다. 정확히 말하면, 단기 복습을 활용한 것입니다. 단기 복습은 상대적으로 시간이 오래 걸리고 성과도 적습니다. 다행히도 이것이 유일한 복습 방법은 아닙니다. 다른 복습 방법을 적용하면 기억력이 굉장히 향상될 것입니다.

먼저 단기적으로 복습하는 것과 장기적으로 복습하는 것의 차이점을 알아봅시다. 이미 아시겠지만, 단기 기억의 용량은 제한되어 있습니다. 일곱 가지 일을 최대 10분 동안 기억합니다. 단기 기억은 깊은 신경 경로가 없습니다. 정보를 일시적으로 저장하는 작업장인 셈입니다. 단기 기억의 정보를 복습하는 것은 아무것도 바꾸지 못합니다. 단기 기억은 정보의 중간 역이기 때문에, 정보가 잠시 머물다 떠나갑니다. 그러나 장기 기억은 다릅니다. 이곳은 우리의 뿌리 깊은 기억들이 있는 곳입니다. 장기 기억의 정보를 복습하게 되면, 신경 경로를 강화시켜 정보를 더 오랫동안 기억할 수 있게 해줍니다.

장기 기억 속의 정보를 복습하는 것은 긍정적인 효과를 냅니다.

단기 기억	장기 기억
중간 역(작업장)	종착역
제한된 용량	무제한 용량
정보를 최대 10분까지 기억함	정보를 몇 년까지도 기억함

수동적인 복습과 적극적인 복습의 차이점에 대해서도 알아봅시다. 앞에서도 다루었지만, 책을 다시 읽는 것처럼 수동적인 복습은 같은 정보를 한 번 더 보는 것밖에 되지 않습니다. 두 번째 읽을 때 더 많은 것을 알아보겠지만, 기억에 각인되지는 않습니다. 어떤 것을 알아보는 것과 어떤 것을 기억에서 불러오는 것은 다릅니다.

수동적인 복습	적극적인 복습
한 번 더 보기	스스로 생각해보기
한 번 더 읽기	직접 써보기

아래 표는 세 가지 복습 방법을 비교합니다.

	적극	수동
장기 기억	A 시간이 지난 뒤, 읽거나 들은 내용에 대해 적극적으로 생각합니다. 정보가 내재화되기까지 상대적으로 시간이 적게 듭니다.	B 시간이 지난 뒤, 정보를 반복합니다. 시간도 오래 걸리거니와 뇌에 아무런 영향도 주지 않습니다.
단기 기억	C 즉시 정보를 반복합니다. 정보를 10분 이상 기억할 수 있게 됩니다.	

복습 방법 A가 가장 성과가 좋다는 것을 알 수 있습니다. 장기 기억에 있는 정보를 적극적으로 복습하면, 이 정보를 거의 평생 기억할 수도 있습니다.

정보 이해 속도의 향상

지금까지 우리는 정보를 공부하는 간격과 복습하는 간격을 넓히는 것이 정보를 더 오랫동안 기억할 수 있게 해준다는 것을 배웠습니다. 최근 연구에 따르면 정보를 공부하는 간격을 넓히게 되면, 정보를 더 빨리 이해하고 더 깊이 생각할 수 있게 된다고 합니다.[41]

요약과 필기 분량

여러분은 책을 읽거나 회의에 참석할 때 필기를 하거나 요약을 하나요? 여덟 번째 학습 원칙이 여기에도 적용됩니다. 필요 이상으로 하지 맙시다! 글을 요약할 때 사용한 단어의 수와 정보를 얼마만큼 잘 기억하는가는 직접적인 연관이 있습니다. 흥미로운 것은 이 두 가지가 반비례한다는 것입니다. 단어를 더 많이 사용할수록 더 많이 까먹게 됩니다. 이상하게 들리지만, 이 현상에는 명확한 이유가 있습니다. 정보를 많이 적으면, 뇌가 정보를 수동적으로 처리하게 됩니다.

첫째로, 여러분의 요약문이 길다는 것은 책의 내용에 대해 깊이 생각해보지 않았기 때문에 책을 그대로 베낀 것과 다름이 없다는 것입니다. 만약 핵심 단어만 받아 적으면, 원본에서 벗어나서 어떤 부분이 중요한지 생각해보아야 합니다.

정보를 너무 많이 적으면, 그것을 다시 읽을 때 더 수동적이게 됩니다. 요약할 때 완전한 문장을 사용하면 쉽게 읽을 수 있지만 뇌에 전혀 자극이 되지 않습니다. 만약 핵심 단어만 사용했다면, 뇌가 단어의 의미를 해석하기 위해 더 깨어 있게 됩니다. 뇌 활동이 증가하면서 신경 경로가 강화되는 것입니다. 이 개념은 다섯 번째 학습 원칙과 관련이 있습니다. 적극적으로 생각합시다.

완전한 문장은 정보를 전달하기에 적합합니다.

하지만 정보를 기록하고, 분석하고, 기억할 때는 역효과를 낳습니다.

요약하자면, 적게 적을수록 더 많이 기억한다는 말입니다. 물론 이 것에 한계는 있습니다. 아주 긴 글을 한 단어로 요약할 수는 없으니까 요! 여기에도 완급 조절이 필요합니다. 정보를 너무 적게 적으면 정보를 놓치게 되고, 너무 많이 적으면 기억이 나지 않습니다.

이것을 실생활에 적용하려면 어느 정도 용기가 필요합니다. 이 방법을 사용했는데, 중요한 정보를 놓치면 어쩌지? 기억도 잘 안 나면 어쩌지? 충분히 할 수 있는 걱정입니다. 처음부터 이 방법을 모든 것에 적용하지 말고, 조금씩 사용하는 횟수를 늘려나갈 것을 권하고 싶습니다.

이 방법이 효과가 있는지 시험해보는 간단한 방법은 오늘 할 일을 한 가지 항목당 세 단어로 정리하는 것입니다. 완전한 문장을 적지 않아도 기억이 잘 나는 것을 확인할 수 있습니다. 만약 이 방법이 좋다고 생각하면, 회의 또는 텍스트 내용을 간결하게 요약해봅시다. 처음에는 전보를 치듯이 정보를 요약해보다가, 이것이 편해지면 핵심 단어만 적어서 요약합니다.

오해하지 마세요. 핵심 단어보다 완전한 문장이나 짧은 문장을 적는 것이 더 유용할 때도 있습니다. 하지만 평소에는 간결하게 쓰는 것을 최대한 많이 연습합니다.

어떤 것을 적고 어떤 것을 생략하는 것이 좋을까?

적게 적을수록 더 많이 기억한다고 해서 정보를 건너뛰라는 뜻이 아닙니다. 그렇다면 어떤 정보를 생략하는 것이 좋을까요? 아무 문제 없이 생략할 수 있는 정보가 두 가지 정도 있습니다. 보통 명사와 여러분이 사전에 알고 있는 지식입니다.

명사에 집중하기

단어는 명사와 동사 등 몇 가지 품사로 나뉩니다. 각 품사는 언어로서 고유의 기능이 있지만, 모든 품사가 텍스트 의미 전달에 중요한 역할을 하지는 않습니다. 다음 텍스트 예제는 한정사, 형용사와 보통 명사의 중요성을 명확하게 구분합니다. 여러분이 명사에만 집중할 때 어떤 효과가 있는지 알아봅시다.[42]

각 텍스트 예제에서는 특정 품사가 생략되었습니다. 각 텍스트가 무엇을 의미하는지 생각해봅시다. 생략된 단어는 (-)로 표시했습니다. 첫 번째 텍스트는 한정사만 남아 있습니다.

The - - the - - that - - - -. - - - the - - -. - - - the - - - - -, - - - - - - -. The - - - - - - - the - - - - - - the - - - -, - - - - - - - - -. - - the - - - - - - - - -. - - the - - - - the - - - the -.

도대체 이 텍스트가 무엇에 관한 것인지 알 수 없을 것입니다. 한정사는 정보의 핵심을 담고 있지 않기 때문입니다.

- brown(갈색) - - large(큰) - - , - - impressive(인상적인) - - high(높은) -, - - - - . - - - - major(중요한) - - dangerous(위험한)- - - -. - - - strict(엄격한) - - - -. - - - - nice(좋은) -.

형용사도 텍스트의 주제를 알기 어렵습니다.
마지막 텍스트는 명사(와 날짜 두개)만 있는 텍스트입니다.

- - speech(연설) - Martin Luther King(마틴 루서 킹) - - - - impact(영향) - - racism(인종차별) - - - America(미국). - 1964 - - - Nobel prize(노벨상) - - Peace(평화) -. - - - - - - - - -. - - - 1968 - dead(사망) - - - -. - shooting(총격) - - - - balcony(발코니) - - Lorraine Motel(로레인 모텔).

원본의 58개 단어 중 열 개의 명사와 두 개의 날짜, 그리고 이름 두 개만 읽었을 뿐입니다. 하지만 자세히는 아니더라도 텍스트의 주제에 대해 충분히 짐작해볼 수 있습니다. 텍스트의 핵심 정보는 명사에서 찾을 수 있습니다. 세부 사항을 알려면 물론 정보가 조금 더 필요합니다. 처음 글을 요약할 때는 먼저 명사만 적습니다. 핵심 정보가 여전히 부족하다면 동사, 신호어 또는 형용사를 추가합니다.[43]

'the', 'it' 그리고 'a'와 같은 한정사는 이해에 도움이 되지 않습니다.
정보를 기억하는 것을 방해하기만 합니다.

사전 지식 사용하기

만약 발표나 글을 통해 정보를 특정 집단에게 전달하고 싶다면, 전달하고자 하는 집단의 평균 지식수준을 고려해서 정보를 맞춰야 합니다. 그렇기 때문에 어떤 정보를 듣거나 읽을 때 아는 내용이 자주 나오게 되는 것입니다. 이때 우리는 사전 지식을 활용해볼 수 있습니다. 만약 텍스트에서 이미 알고 있는 내용이 나오면 요약문에서 생략합니다. 제가 이전에 쓴 책《기적의 뇌 사용법Gain More from Your Brain》에서 사용한 예제를 인용하겠습니다.

언어 사용과 연관된 장애는 실어증이라는 포괄적인 개념에 속한다. 실어증은 뇌 손상의 결과로 생길 수 있다. 손상 위치에 따라 부차적인 증상을 띤다. 이는 감각성 실어증(언어 이해 장애)과 운동성 실어증(언어 사용 장애)과 단어 활용 장애로 구분된다. 오른손잡이의 경우, 언어중추가 대부분 좌뇌에 위치해 있다.

과거 신문의 과학 칼럼에서 실어증에 대해 읽어보았기 때문에 실어증이라는 개념에 익숙하다고 가정해봅시다. 실어증이 뇌 손상과 관련이 있고 오른손잡이의 언어중추가 대부분 좌뇌에 있다는 것을 이미 알고 있었습니다. 따라서 그 내용은 받아 적지 않고, 전체 단어 중에 잘 모르는 일부 단어만 받아 적으면 됩니다.

실어증: 손상 위치에 따라 부차적인 증상을 띰. 1. 감각성(이해 장애), 2. 운동성(사용 장애), 3. 단어 활용 장애로 구분됨.

다음 예제는 훨씬 더 간결하게 요약한 글입니다.

a. 존 B. 왓슨은 행동주의의 아버지라고 알려져 있다. 이 심리 분야는 직접 관찰할 수 있는 행동을 연구한다.

b. 행동주의의 아버지 왓슨: 직접 관찰 가능한 행동 연구.

제8원칙의 요약

우리가 정보를 한꺼번에 많이 처리하거나 한 번에 너무 오랫동안 공부하는 경향이 있다는 것을 알게 됐습니다. 이것은 뇌 기능을 떨어뜨리고, 기억력도 감소시킵니다. 여러분은 정보를 공부하거나 복습할 때 조금씩 여러 번, 간격을 두고 함으로써 생산성을 올릴 수 있습니다. 그렇게 하면 정보를 훨씬 더 잘 이해하고 기억할 수 있으며, 시간을 절반 가까이 아낄 수 있게 됩니다.

2
부

활용하기

여덟 가지 학습 원칙을 살펴보았습니다. 이 여덟 가지 원칙은 UseClark 학습법의 토대가 되고, 정보를 쉽고 빠르고 효과적으로 흡수하고 처리하고 기억하도록 도와줍니다. 궁금한 점이 있거나 활용 방법에 대해 더 알고 싶다면 언제든지 info@useclark.com에 문의바랍니다.

제가 책의 첫머리에서 말씀드렸듯이, 우리는 일을 할 때 방대한 양의 정보를 처리해야 하지만, 올바른 방법을 모르고 있습니다. 어떻게 보면 우리는 다시 문맹이 되어가고 있고, 이것은 우리가 지식을 다루는 능력에 큰 영향을 미칩니다. 이제 한 단계 도약해야 할 때가 왔습니다.

수박 겉핥기는 그만

우리는 정보의 홍수에서 살고 있습니다. 살아남기 위해 사람들은 정보의 일부만 처리하거나 아예 전체를 무시합니다. 하지만 이것이 올바른 방법이라고 생각하지 않습니다. 이것은 피상적이고, 우리 사회 전체의 지식수준을 떨어뜨리는 결과를 낳습니다.

한 가지 대안은 정보를 적게 생산하는 것입니다. 회의 시간도 줄이고, 이메일도 간결하게 쓰고, 쓰는 글의 양을 제한합니다.

저는 사람들이 필요 이상으로 이메일을 길게 쓰고, 보고서를 길게 쓰는 것이 오히려 자기가 그만큼 모른다는 것을 보여준다고 생각합니다. 정보를 간결하게 전달하는 것은 어리석음을 보여주기보다 총명함을 보여주는 것입니다. 핵심을 이해하지 못하면 간결하게 쓸 수 없기 때문입니다. 또한 여러분이 자기 시간과 상대방의 시간을 귀중하게 생각한다는 것을 보여줍니다. 능숙한 경영인 대부분이 간결하게 이메일을 쓰는 것을 볼 수 있습니다. 장문의 이메일을 읽으면서 상대방이 정말 하고 싶은 말이 뭔지 고민하는 것보다 간결한 이메일을 읽는 것이 훨씬 기분이 좋습니다.

정보를 적게 생산하는 것도 중요하지만, 우리가 정보를 쉽게 처리하고 빠르게 흡수하고 더 효과적으로 집중하고, 정보를 더 오래 기억하기 위한 방법을 배우는 것도 중요합니다. 이것과 관련된 훈련 수업을 받는 것도 굉장히 도움이 됩니다.

이런 수업을 '소수 집단을 위한 흥미로운 수업'이라고 표현하는 사람들이 이해가 가지 않습니다. 왜 소수의 직원만이 효율적으로 일해야 하는 건가요? 조직 전체가 효율적으로 일하는 것이 좋지 않나요? 아주 간단한 논리입니다. 여기 소개된 학습법을 사용하면 정보를 흡수하는 시간이 적게 들기 때문에, 미팅에 참석하거나 보고서를 쓰는 등 여러분이 일하는 데 시간을 더 쓸 수 있습니다. 학습법을 제대로 활용하면, 평소라면 기사 절반을 읽을 시간에 기사를 두 개에서 세 개까지 읽을 수 있습니다. 사전 지식이 풍부해져서 작업의 품질도 올라갈 것입니다.

개인적으로 이 책에 소개된 학습법은 누구나 활용할 수 있을 정도로 쉽다고 생각합니다.

교육의 역할

저희 수업을 한 번이라도 들어본 사람들은 이렇게 말합니다. "내가 이걸 20년 전에만 알았더라도!" 따라서 우리 교육제도에서 학습법을 깊이 있게 다루지 않는다는 점에 놀랄 수밖에 없었습니다.

우리는 모두 특정 분야의 전문가입니다. 하지만 공부하면서 읽은 책 내용을 얼마나 기억하고 있나요? 우리 교육제도는 학생들이 방대한 양의 정보를 무리 없이 다룰 수 있고, 배운 정보를 평생 기억할 것이라고 가정합니다. 하지만 정말 그런가요? 절대 아니라고 봅니다.

개인적으로 저는 사람들이 고등학교와 대학에서 사고하는 방식만 배우고, 나머지는 잊어버린다고 생각합니다. 왜 학습하는 방법은 배우지 않을까요? 저는 학습 방법이 공부하는 데 평생 도움이 된다고 생각합니다.

교육의 역할: 사고하는 방법을 배우고, 공부하는 방법을 배우는 것.

또한 교사들은 그들의 지식을 학생들에게 전달하는 방식을 배워야 합니다. 정보를 뇌-친화적으로 설명해서, 학생들의 머릿속에 지식을 최적의 방법으로 전달하는 것입니다. 저는 뇌의 작용 원리에 대해 수천 개의 연구 보고서가 나왔음에도 불구하고 교육제도에서 이것을 전혀 활용하지 않는다는 사실이 여전히 충격적이라고 생각합니다. 우리는 장기적으로 복습하는 것이 정보를 오래도록 기억하는 데 도움이 된다는 것을 이미 알고 있습니다. 하지만 어째서 이것에 대해 논의하는 책과 기사가 더 이상 없는 것일까요?

**만약 하루 만에 공부한 내용의 70%를 잊어버린다면
책을 읽고 강의를 듣는 것이 무슨 의미가 있을까요?**

이제는 우리의 사고방식을 바꿔야 할 때입니다. 이미 밝혀진 수많은 연구 결과를 토대로 교육제도와 우리의 일상을 바꾸어야 합니다.

정부는 학생들이 조기에 학업을 마치길 바라고 그들의 중퇴율을 줄이고 싶어 합니다. 학생들도 그것을 원하지만, 그 방법을 알지 못합니다. 개인적으로 학생들을 처벌하고, 벌점을 주는 것은 좋은 결과를 가져오지 못할 것이라고 생각합니다. 학생들이 효율적으로 공부할 수 있도록 학습 방법을 가르쳐서 모든 학생이 학습 방법을 필수로 공부하도록 해야 합니다. 우리는 학생들에게 집중하는 방법, 많은 양의 정보를 처리하는 방법, 그리고 그것을 기억하는 방법을 가르쳐야 합니다. 만약 이것을 실천한다면, 학생들의 중퇴율도 줄어들고, 학업도 훨씬 조기에 마칠 수 있게 될 것입니다. 또한 배운 것을 더 오래 기억하고, 장기적으로 응용할 수 있게 될 것입니다. 가장 중요한 것은 아이들에게 공부의 평생 기술을 가르친다는 것입니다. 만약 우리 사회의 지식 수준이 전반적으로 오른다면, 이것이 우리 경제에 미칠 파급효과는 얼마나 될까요? 정확한 수치는 알 수 없지만 분명 긍정적인 파급효과가 있을 것이라고 생각합니다.

교육 외에도 중요한 것이 있습니다. 바로 기술입니다.

기술의 역할

지금까지 우리는 정보를 흡수하고, 처리하고, 기억하는 방법에 대해 논의해보았습니다. 우리는 디지털 정보를 처리할 때 더 어려움을 느낍니다. 이 부분에 대해 조금 더 알아봅시다.

요즘은 거의 모든 것을 위한 소프트웨어가 있습니다. 구글을 통해 정보를 걸러내고 나면, 브라우저나 문서 소프트웨어를 통해 정보를 읽게 됩니다. 우리는 나중에 다시 읽을 수 있게 워드 프로세서나 에버노트를 사용해서 글을 쓰고 저장합니다. 하지만 정보를 흡수하는 것을 도와주는 소프트웨어도 있을까요?

셀 수도 없을 만큼 많은 소프트웨어가 있지만, 정작 공부와 작업하는 데 가장 중요한 부분을 도와주는 소프트웨어는 거의 없다는 것이 놀랍습니다. 책에 소개된 학습법을 토대로 UseClark이 소프트웨어를 개발했습니다. 이 소프트웨어는 정보를 훑어보고, 흡수하고, 기억하는 것을 도와줍니다. UseClark 소프트웨어의 세 가지 중요한 요소를 소개하겠습니다.

1) 엑스레이x-ray

엑스레이 기능은 텍스트의 가장 중요한 부분을 표시하고, 나머지는 흐리게 표시합니다. 그렇게 하면 텍스트를 빠르게 훑어볼 수 있고 텍스트를 정확하게 기억하는지 쉽게 확인해볼 수 있게 됩니다.

2) 시선 유도Guided reading

시선 처리 유도 기능은, 노래방 기계에서 노래 가사를 띄우는 기능

과 비슷합니다(물론 노래방 기계보다 훨씬 더 정교한 기능입니다). 이 기능을
사용하면, 정보를 편하고 빠르게 흡수할 수 있습니다. 또한 집중력과
이해력 향상에도 도움이 됩니다.

3) 요약Summaries

요약 기능은 읽기를 마친 다음에, 전체 텍스트를 요약해줍니다. 이
렇게 하면 정보를 쉽게 기억할 수 있고, 정보의 핵심 요소를 동료들과
나눌 수 있습니다.

UseClark 소프트웨어는 Acrobat Reader 또는 Preview 소프트웨
어와 같은 문서 리더입니다. 다른 점이 있다면, 화면상의 정보를 편안
하게 흡수할 수 있게 도와주어 효과적으로 글을 읽을 수 있게 해준다
는 것입니다. 이 소프트웨어에 대해 더 알고 싶다면 www.useclark.
com을 방문해주세요.

그 다음 단계

이 책을 재미있게 읽으셨길 바랍니다. 그리고 몇 가지를 생각하는 시간이 되셨길 바랍니다. 예를 들어, 우리가 다시 문맹이 되어간다는 것이 얼마나 충격적인지 생각해보세요. 모두 글을 읽을 수는 있지만 정보를 이해하지는 못하는 것입니다.

또한 우리 뇌가 어떻게 작용하는지, 정보를 흡수하고 처리하는 방법과 정보를 쉽고 빠르고 효과적으로 기억하는 방법에 대한 실마리를 얻으셨길 바랍니다.

지식이 여러분의 삶을 바꾸진 않습니다. 배운 것을 실천하는 것이 중요합니다. 실천하는 방법을 알려드리겠습니다.

관심 있는 주제 선택하기

이 책을 순서대로 모두 다 읽을 필요는 없습니다. 여러분이 가장 관심 있는 주제를 선택하고 연습합니다. 그다음 여러분의 학습 방식에 맞게 바꿉니다. 이 책은 여러분에게 몇 가지 요령을 가르쳐주기 위한 책이 아닙니다. 여러분에게 맞는 학습법을 만드는 것이 진짜 목적입니다.

단계별로 실행하기

앞으로 몇 주 동안은 이름을 기억하는 것에만 집중하거나, 간결하게 요약하는 것을 연습해볼 수 있습니다. 모든 것을 한꺼번에 실천하는 것은 지혜롭지 못합니다. 한 주에 한 가지만 터득하고, 일상에 완전히 적용되기 전까지는 다음 주제로 넘어가지 않습니다.

기억나는 부분 확인하기

읽은 내용의 얼마만큼을 기억하시나요? 시험해보세요. 기억나는 것을 종이에 적거나, 마인드맵을 그려볼 수 있습니다. 아니면 친구나 동료에게 방금 배운 내용을 설명해보세요. 자기 말로 옮길수록, 더 효과적입니다.

다시 읽기

저는 어떤 책들은 최소한 20번은 읽습니다. 책에서 소개된 방법, 원리 또는 기법을 완전히 자기 것으로 만들 때까지 다시 읽습니다. 20번은 과할 수도 있습니다. 하지만 주기적으로 이 책을 다시 읽는 것은 분명 도움이 될 것입니다. 수동적인 복습 방법은 공부 간격이 넓을수록 효과적입니다.

다음 단계

이 책은 UseClark 학습법을 활용하는 첫 번째 단계입니다. 다음 단계는 관련 강의를 듣거나, UseClark 소프트웨어를 사용하는 것입니다.

UseClark 교육과정

UseClark 교육과정에서 여러분은 UseClark 학습법의 원칙과 기법을 응용하는 방법을 배우게 됩니다. 전문 서적을 읽을 때도 여러 가지 기법을 활용할 수 있게 됩니다. 교육 전후로 성과를 기록해, 여러분이 단시간에 발전하는 것을 볼 수 있습니다.

저희가 제공하는 모든 교육에서 효과를 보실 수 있다고 자부합니다. 구체적으로 말씀드리자면, 복습 강의는 무료로 언제든지 필요로 할 때 들을 수 있습니다. 여러분의 성과를 오래도록 지속시켜줄 수 있도록 합니다.

UseClark 소프트웨어

이 소프트웨어는 디지털 정보를 더 편안하게 읽고 분석하고 기억할 수 있게 도와주는 도구입니다. 컴퓨터, 태블릿 PC, 휴대전화 등 다양한 기기에서 사용 가능하며, 방대한 양의 정보를 처리해야 하는 사람들에게 최적의 도구입니다.

수업이나 소프트웨어에 대해 궁금하신 점이 있다면 저희 웹사이트 www.useclark.com을, 한국판 독자는 www.eklc.co.kr을 방문해주세요.

여러분의 기억을 돕기 위해 각 원칙의 개요를 적어봅니다.

1. 방법이 중요하다

얼마만큼 잘 집중하고 기억하는가는 여러분의 지능과 무관합니다. 여러분이 사용하는 방법에 달려 있습니다.

2. 빈 공간 채우기

우리 뇌는 우리가 말하고 읽는 속도보다 생각하는 속도가 빠릅니다. 결과적으로 우리는 딴생각을 할 여유가 생깁니다. 책을 읽거나 다른 사람이 하는 말을 듣다가도 쉽게 딴생각을 하게 됩니다. 빈 공간을 채우게 되면, 뇌가 딴생각을 할 여유를 주지 않기 때문에 집중력이 향상됩니다.

3. 한 번에 한 가지씩

우리의 의식적인 주의력은 한 번에 한 가지밖에 집중하지 못합니다. 그리고 우리가 다른 작업으로 전환할 때마다 에너지와 시간을 소비하게 됩니다. 만약 여러 가지 작업을 한 번에 처리하게 되면(혹은 두 가지 작업을 번갈아 하게 되면), 여러분의 작업 능률과 생산성이 떨어지게 됩니다. 따라서 한 번에 한 가지 일만 처리합니다.

4. 연관점 찾기

정보는 독립적으로 존재하지 않고 항상 다른 정보와 연관되어 있습니다. 사건의 큰 그림을 보거나, 여러분의 지식을 활용하거나, 정보를 구조화함으로써 정보를 쉽게 처리할 수 있습니다.

5. 적극적으로 생각하기

우리가 공부하거나 복습할 때 뇌를 적극적으로 사용할수록 정보를 더 효율적으로 처리할 수 있게 됩니다.

6. 이미지 사용하기

정보를 이미지로 변환하면, 뇌가 가장 잘 알아들을 수 있는 언어를 쓰는 것과 마찬가지입니다. 그 결과, 여러분은 정보를 더 빠르고 오랫동안 기억하게 됩니다.

7. 창의력 활용하기

창의력은 정보가 기억에 더 굳게 자리 잡을 수 있도록 합니다. 창의력은 인간의 구분되는 특징이기도 합니다. 창의력은 정보를 다른 정보와 연결시켜 새로운 것을 창조해내는 능력입니다.

8. 필요 이상으로 공부하지 않기

필요 이상으로 많이 그리고 길게 공부하면 오히려 성과가 떨어집니다. 한 번에 너무 많은 정보를 흡수하고 읽고 배우고 처리하면 오히려 더 기억이 안 납니다.

아래의 문자 두 줄을 최대 10초 동안 외웁니다. 따로 받아 적을 수 없고 온전히 자기 기억력만을 사용합니다. 건투를 빕니다!

A열: RWP7332NML488ZVO

B열: USA2001CIA911FBI

10초가 지나면, 다시 66쪽으로 돌아가서 읽습니다.

이 책을 쓰면서, 많은 과학 연구를 응용하려고 노력했습니다. 모든 연구 결과를 이해하기 쉽게 적으려고 노력했고 제 능력의 최대한도로 연구 결과의 용도를 강조하고자 했습니다. 연구 결과와 연구 결과의 결론에 대해 많은 학자가 지지하겠지만 다른 관점으로 바라보는 사람도 있다는 것을 잘 알고 있습니다. 이 분야에 대해 어떤 토론이든 환영하고 새로운 관점에 대해 들어보고 싶습니다.

제가 아는 한, 이 책에서 사용된 모든 참고 서적을 참고 문헌에 정리해두었습니다. 특정 주장이나 기법의 창시자에 대한 언급이 누락되었다면, 저에게 알려주시기 바랍니다.

만약 질문이나 제안 또는 하고 싶은 말씀이 있으면, 언제든 저에게 들려주시길 바랍니다. 트위터에서 #UseClark 해시태그를 사용해도 좋고, info@useclark.com으로 이메일을 보내주셔도 좋습니다.

암스테르담에서 마크 티글러

감사의 말

제가 회사의 대표이사이지만, UseClark 학습법, 강의 그리고 소프트웨어는 전체 팀의 산물입니다. 매일같이 저희 기관의 강사들이 수업을 진행하고 있고, 프로그래머들이 소프트웨어를 개선하고, 나머지 팀원들은 저희 회사 브랜드를 만들고 저희 프로그램을 알리기 위해 힘씁니다. 제가 일일이 찾아뵙고 감사 인사를 드려야 할 분이 많습니다. 모두 감사합니다!

아이디어와 피드백을 주셔서 이 책을 만드는 데 기여해주신 분들이 있습니다. 오스카르 데 보스Oscar de Bos, 에바 후크스홈Eva Hukshom, 레네 될루Renee Deurloo, 요헴 티글러Jochem Tigchelaar, 엘스 도마르Els Doomaar, 헨크 티글러Henk Tigchelaar, 마이케-아이메 다멘Maayke-Aimee Damen, 롤란트 레인데르스Roeland Reinders, 미헬레 포크Michelle Vonk, 알렉사드라 레이놀즈Alexandra Reynolds에게 감사합니다.

참고 문헌

Ackerman, R. & Goldsmith, M. (2011). 'Metacognitive Regulation of Text Learning: On Screen Versus on Paper', *Journal of Experimental Psychology Applied*, 17 (pp. 18~32).

Andrade, J. (2009). 'What Does Doodling do?', *Applied Cognitive Psychology*, www.interscience.wiley.com.

Bahrick, H.P., Bahrick, L.E., Bahrick, A.S. & Bahrick, P.E. (1993). 'Maintenance of Foreign Language Vocabulary and the Spacing Effect', *Psychological Science*, Vol. 4, No. 5 (pp. 316~321).

Bouwer, G.H., Clark, M.C., Lesgold, A.M. & Winzez, D. (1969). 'Hierarchical retrieval schemes in recall of categorical word lists', *Journal of Verbal Learning and Verbal Behaviour*, 8 (pp. 323~343).

Bouwmeester, S., de Bruin, A., Camp, G.f Engelen, J., Goossens, N., Tabbers, H. & Verkoeijen P. (2012). "Toolbox: 10 oefenstrategieen uit de geheugenpsychologie voor de klas1", Erasmus Universiteit Rotterdam.

Brandhof, J.W. van den (2007). Gebruik je hersens. Brainware.

Brown, C.M. (1988). *Human-computer interface design guidelines*. Ablex Publishing.

Cepeda, N.J., Pashler, H., Vul, E., Wixted J.T. & Rohrer D. (2006). 'Distributed practice in verbal recall tasks; A review and quantitative synthesis', Psychological Bulletin, 132 (pp. 354~380).

Cohen, G. (1990). 'Why is it difficult to put names to faces?', *British Journal of Psychology*, 81 (pp. 287~297).

Compernolle. T. (2014). *Ontketen je brein*. Lannoo.

Delaney, P.F., Verkoeijen P.P. & Spirgel, A. (2010). 'Spacing and testing effects:

a deeply critical, lengthy and at times discursive review of the literature',
Psychology of learning and motivation, 53 (pp. 63~147).

Dorrestijn, N. & Svantesson, I. (2001). *Mind-mapping in de praktijk*. Bohn Stafleu Van Loghum.

Dunlosky, J., Rawson, KA., Marsh, E.J., Nathan, M.J. & Willingham, D.T (2013). 'Improving students' Learning With Effective learning techniques; promising directions from cognitive and educational psychology', *Psychological Science*, 14 (pp. 4~58). Overzicht effect van veel studietechnieken.

Hilbert, M. & Lopez, P. (2011). 'The world's technological capacity to store, communicate and compute information', *Science Express*, feb. 10 (p. 8).

Ingraham, C. (2014). 'The solutions to all our problems may be buried in pdfs that nobody reads'. *Washington Post*. http://www.washingtonpost.com/blogs/wonkblog/wp/2014/05/08/the-solutions-to-all-our-problems-may-be- buried-in-pdfs-that-nobody-reads/

Kak, A.V. (1981). 'Relationships between readability of printed and CRT-displayed text', *Proceedings of Human Factors Society - 25th Annual Meeting* (pp. 137~140).

Konkle, T., Brady, T.F., Alvarez, GA. & Olivia, A. (2010). 'Scene memory is more detailed than you think: the role of categories in visual long-term memory', *Psychol Sci.*

Kluten, M. (2014). Train je brein nu.

Mangen, A., Walgermo, B.R. & Bronnick K. (2013). 'Reading linear texts on paper versus computer screen: Effects on reading comprehension', *International Journal of Educational Research*, 58 (pp. 61~68).

Mann, S. & Cadman, R. (2013). 'Being bored at work can make us more creative', *ScienceDaily*, 9 January 2013.

Oppezzo, M. & Schwartz, D.L. (2014, 'Give Your Ideas Some Legs: The Positive Effect of Walking on Creative Thinking', Journal of Experimental Psychology: Learning, Memory, and Cognition, Vol 40, No.4 (pp. 1142~1152).

Pencavel, J, (2014). 'The Productivity of Working Hours', Institute for the Study of Labor.

Pol. M. (2009). *Nog Slimmer*. VU University Press.

Rawson, K.A. & Kintsch, W. (2005). 'Rereading Effects Depend on Time of Test', *Journal of Educational Psychology*, 97 (pp. 70~80).

Revlin, R. (2012). *Cognition: Theory and Practice.* Worth Publishers.

Rock, D. (2009). *Your Brain at Work: Strategies for Overcoming Distraction, Regaining Focus, and Working Smarter All Day Long,* Harper Business.

Sparrow, B., Liu, J., Wegner, D.M. (2011) 'Google Effects on Memory: Cognitive Consequences of Having Information at Our Fingertips', *Science,* vol. 333, no. 6043 (PP. 776~778).

Tigchelaar, M.S. (2015). *Haal meer uit je hersenen.* Bert Bakker.

Vohs, K.D., Redden, J.P. & Rahinel, R. (2013). 'Physical Order Produces Healthy Choices, Generosity, and Conventionality, Whereas Disorder Produces Creativity', *Psychological Science,* 24(9) (pp. 1860~1867).

Waslund, E., Reinikka, H., Norlander, T. & Archer, T. (2005). 'Effects of VDT and paper presentation on consumption and production of information: Psychological and physiological factors', *Computers in Human Behavior,* 21 (pp. 377~394).

Wieth, M.B. & Zacks, R.T. (2011). 'Time of day effects on problem solving: When the non-optimal is optimal', Thinking & Reasoning, 17 (pp. 387~401).

Wong, L. (2014). *Essential Study Skills. Cengage Learning.*

Internet sources

http://www.indiana.edu/~pcl/rgoldsto/courses/dunloskyimprovinglearning.pdf

http://www.theverge.com/2014/2/14/5411934/youre-not-going-to-read-this)

http://cs.stanford.edu/people/eroberts/cs201/projects/crunchmode/econ-hours-productivity.html

http://www.telegraph.co.uk/news/worldnews/europe/Sweden/10754656/Swedish-city-embarks-on-6-hour-workday- experiment.html

1   Hilbert & Lopez (2011) 'The world's technological capacity to store, communicate and compute information', Science Express, Feb. 10.

2   Compernolle, T. (2014). Ontketen je brein. Lannoo.

3   Kluten, M. (2014). Train je brein nu.

4   Kak, A.V. (1981). 'Relationships between readability of printed and CRT-displayed text', Proceedings of Human Factors Society - 25th Annual Meeting (pp. 137~140).

5   Mangen, A., Walgermo, B.R. & Bronnick K. (2013). 'Reading linear texts on paper versus computer screen: Effects on reading comprehension', International Journal of Educational Research, 58 (pp. 61~68).

6   Waslund, E., Reinikka, H., Norlander, T. & Archer, T. (2005). 'Effects of VDT and paper presentation on consumption and production of information: Psychological and physiological factors', Computers in Human Behavior, 21 (pp. 377~394).

7   Ackerman, R., Goldsmith, M. (2011). 'Metacognitive Regulation of Text Learning: On Screen Versus on Paper', Journal of Experimental Psychology Applied, 17 (pp. 18~32).

8   Quote from Paul van Wingeren.

9   Ingraham, C. (2014). The solutions to all our problems maybe buried in pdfs that nobody reads', Washington Post.

10   http://www.theverge.com/2014/2/14/5411934/youre-not-going-to-read-this

11   Revlin, R. (2012). Cognition: Theory and Practice. Worth Publishers.

12   Andrade, J. (2009). 'What Does Doodling do?' Applied Cognitive Psychology, www.interscience.wiley.com.

13   Wong, L. (2014). Essential Study Skills. Cengage Learning.

14   Compernolle, T. (2014). Ontketen je brein. Lannoo.

15   Wong, L. (2014). Essential Study Skills. Cengage Learning.

16   Brown, CM. (1988). Human-computer interface design guidelines. Ablex Publishing.

17   Cohen, G. (1990). 'Why is it difficult to put names to faces?' British Journal of Psychology, 81 (pp. 287~297).

18   Bouwer, G.H., Clark, M.C., Lesgold, A.M. & Winz, D. (1969). 'Hierarchical retrieval schemes in recall of categorical word lists', Journal of Verbal Learning and Verbal Behaviour, 81 (pp. 323~343).

19   Bouwmeester, S., de Bruin, A, Camp, G., Engelen, J., Goossens, N., Tabbers, H. & Verkoeijen P. (2012). "Toolbox: 10 osefenstxategieen uit de geheugenpsychologie voor de klas1", Erasmus Universiteit Rotterdam.

20   Bouwmeester, S.,de Bruin, A., Camp, G., Engelen, J., Goossens, N., Tabbers, H. & Vcrkoeijen P. (2012). "Toolbox: 10 oefenstrategieen uit de geheugenpsychologie voor de klas1", Erasmus Universiteit Rotterdam.

21   Bouwmeester, S., de Bruin, A., Camp, G., Engelen,J., Goossens, N., Tabbers, H. & Verkoeijen P. (2012). "Toolbox: 10 oefenstrategieen uit de geheugenpsychologie voor de klas1", Erasmus Universiteit Rotterdam.

22   Rawson, KA & Kintsch, W. (2005) 'Rereading Effects Depend on Time of Test', Journal of Educational Psychology, 97 (pp. 70~80).

23   http://www.bbc.com/future/story/20141202-hack-your-memory-leam-faster

24   Cohen, G. (1990). 'Why is it difficult to put names to faces?', British Journal of Psychology, 81 (pp. 287~297).

25   Konkle, T., Brady, T.F., Alvarez, G.A. & Olivia, A. (2010). 'Scene memory is more detailed than you think: the role of categories in visual long-term memory', Psychol Sci.

26   Tigchelaar, M.S. (2015). Haal meer uit je hersenen. Bert Bakker.

27   Sparrow, B., Liu J., Wegner D.M. (2011). 'Google Effects on Memory: Cognitive Consequences of Having Information at Our Fingertips', Science, vol. 333, no. 6043 (pp. 776~778).

28   Wieth, M.B. & Zacks, R.T. (2011). 'Time of day effects on problem solving: When the non-optimal is optimal', Thinking & Reasoning, 17 (pp. 387~401).

29 Mann, S. & Cadman, R. (2013). 'Being bored at work can make us more creative', ScienceDaily, 9 January 2013.

30 Oppezzo, M. & Schwartz, D.L. (2014). 'Give Your Ideas Some Leg: The Positive Effect of Walking on Creative Thinking', Journal of Experimental Psychology: Learning, Memory, and Cognition, vol. 40, no. 4 (pp. 1142~1152),

31 Vohs, K.D., Redden, J.P. & Rahinel, R. (2013). 'Physical Order Produces Healthy Choices, Generosity, and Conventionality, Whereas Disorder Produces Creativity', Psychological Science, 24(9) (pp. 1860~1867).

32 Brandhof, J.W. (2:007). Gebruikje hersens. Brainware.

33 Pol- M. (2009). Nog Slimmer. VU University Press.

34 Pencavel, J. (2014). 'The Productivity of Working Hours', Institute for the Study of Labor.

35 Brandhof, J.W. (2007). Gebruikje hersens. BrainWare.

36 Rock, D. (2009). Your Brain at Work: Strategies for Overcoming Distraction, Regaining Focus, and Working Smarter All Day Long. Harper Business.

37 Bahrick, H.P., Bahrick, L.E., Bahrick, A.S. & Bahrick, P.E. (1993) 'Maintenance of Foreign Language Vocabulary and the Spacing Effect', Psychological Science, vol. 4, no. 5 (pp, 316~321).

38 Delaney, P.F., Verkoeijen P.P. & Spirgel, A. (2010). 'Spacing and testing effects: a deeply critical, lengthy and at times discursive review of the literature', Psychology of learning and motivation, 53 (pp. 63~147).

39 Cepeda, N.J., Pashler, H., Vul, E., Wixted J.T. & Rohrer D. (2006). 'Distributed practice in verbal recall tasks; A review and quantitative synthesis', Psychological Bulletin, 132 (pp. 354~380).

40 Rawson, K.A. & Kintsch, W. (2005). 'Rereading Efiects Depend on Time of Test', Journal of Educational Psychology, 97 (PP. 70~80).

41 Rawson, K.A. & Kintsch, W. (2005). 'Rereading Effects Depend on Time of Test', Journal of Educational Psychology, 97 (pp. 70~80).

42 Rawson, K.A. & Kintsch, W. (2005). 'Rereading Effects Depend on Time of Test', Journal of Educational Psychology, 97 (pp.70~80).

43 Tigchelaar, M.S. (2015). Haal meer uit je hersenen. Bert Bakker.